Auf dem Weg zum Neuen Wohnen
Die Werkbundsiedlung Breslau 1929

Towards a New Kind of Living
The Werkbund Housing Estate Breslau 1929

Auf dem Weg zum Neuen Wohnen
Die Werkbundsiedlung Breslau 1929

Towards a New Kind of Living
The Werkbund Housing Estate Breslau 1929

Herausgegeben vom
Institut für Auslandsbeziehungen

i f a

Birkhäuser Verlag
Basel · Boston · Berlin

Preface

The 1927 Stuttgart show «Die Wohnung» (the apartment) probably was the best-known Werkbund buildings exhibition. Differently and in spite of its impressive achievements, the 1929 Breslau Werkbund exhibition «Wohnung und Werkraum» (apartment and workspace; WUWA), with its model housing estate in Breslau-Grüneiche, has met with far too little attention from architectural history. Apart from offering new functional solutions for small apartments and single-family houses, the Breslau show also created highly seminal models of communal living.

In 1929, the journal «Das neue Frankfurt» published a review by Ernst May, which conveys the utterly positive impression he, as a (critical) contemporary visitor, had of the Breslau exhibition: «The overall achievement of the exhibition seems absolutely remarkable to me. Here, a municipality of decisive courage has dared, in defiance of numerous petty bourgeois and in a bright-and-breezy manner, to erect a model housing development which represents a clear confession to the Neues Bauen.»

Unlike for the Stuttgart Weissenhofsiedlung, only local architects participated in the Breslau estate, not only «famous» ones (Hans Scharoun and Adolf Rading), but also architects who are today known to just a few. The Werkbundsiedlung in former Breslau, now the Polish Wrocław, has been preserved almost entirely. After the National Socialist period and World War II, it was at first in danger of falling into oblivion.

But research work has remedied this: in 1979, Lubomír and Vladimír Šlapeta (Prague) published one of the first articles on the WUWA in the «Bauwelt», and in 1991 Jadwiga Urbanik of the Wrocław Polytechnics stressed the international significance of the Breslau estate and studied the present condition of the buildings, which is quite alarming in some cases. Then, Christine Nielsen did basic research on the planning and building history of the Breslau estate and compiled a detailed buildings catalogue (MA thesis at Bonn University, 1994). And in 1995, Beate Störtkuhl of the Federal Institute of East German Culture and History in Osnabrück published a comprehensive study on the WUWA.

The present exhibition, developed in cooperation with Polish architectural historians by the Institut für Auslandsbeziehungen (Institute for Foreign Cultural Relations) is an expression of the bilateral intent to draw attention to the outstanding quality and uniqueness of this Werkbund development of the late 1920s. All the buildings of the model estate are presented here for the first time in a comprehensive survey, by means of model reconstructions and both historical and new photographs. Later alterations and the present condition of the buildings are documented, too. In addition, the exhibition presents a selection of Johannes Molzahn's commercial artwork for publicizing the WUWA.

Dietrich W. Schmidt of the Institut für Architekturgeschichte (Institute for History of Architecture) at Stuttgart University had the idea and took the initiative for the realization of the exhibition and the catalogue. We wish to thank him for his great dedication and excellent cooperation.

The architectural models were built by students of the Institut für Darstellen und Gestalten (design institute) of Stuttgart University, under Prof. Knoll. They were supervised by the workshop head, Martin Hechinger. We also wish to specially thank Jerzy Ilkosz, director of the Wrocław Archiwum Budowlane (building archives) for his kind support; Matthias Schirren of the Stiftung Archiv der Akademie der Künste Berlin, Beate Störtkuhl, Oldenburg and Andreas Denk, Bonn. We also thank Christian Gries and Hans-Peter Reisse of the Johannes-Molzahn-Centrum for Documentation and Publication (Kassel) for having provided original artwork by Johannes Molzahn on loan. Jerzy K. Kos, Wrocław, took the new photographs of the Werkbund exhibition buildings.

Printing of the catalogue was financially supported by the LG Foundation Art and Culture in Stuttgart.

We wish also to thank the authors and those who provided numerous ideas and bits of information, but who cannot all be named here.

4

Beate Eckstein

Vorwort

Im Gegensatz zur wohl bekanntesten Bauausstellung, der 1927 in Stuttgart ausgerichteten Werkbundausstellung «Die Wohnung», hat die Breslauer Werkbundausstellung «Wohnung und Werkraum» (WUWA) 1929 mit ihrer Versuchssiedlung in Breslau-Grüneiche trotz ihrer beeindruckenden Ergebnisse in der Architekturgeschichte bisher wenig Beachtung gefunden. Neben neuen, funktionalen Lösungen für Kleinwohnungen und Einfamilienhäuser entstanden in Breslau auch weit in die Zukunft weisende Modelle gemeinschaftlichen Wohnens.

Eine 1929 in der Zeitschrift «Das neue Frankfurt» veröffentliche Rezension von Ernst May mag den positiven Eindruck vermitteln, den die Werkbundausstellung auf ihn als (kritischen) zeitgenössischen Besucher machte: «Mir scheint das Gesamtergebnis der Ausstellung außerordentlich beachtenswert. Mit entschlossenem Mute hat sich hier eine Stadt daran gewagt, den dort wie überall zahlreich vertretenen Spießern zum Trotz frisch und fröhlich eine Mustersiedlung auf die Beine zu stellen, die ein eindeutiges Bekenntnis zum neuen Bauen darstellt.»

In Breslau waren – anders als bei der Stuttgarter Weißenhofsiedlung – ausschließlich ortsansässige Architekten beteiligt, neben den «berühmten» Namen Hans Scharoun und Adolf Rading auch Architekten, die heute nur noch wenigen bekannt sind. Die im polnischen Wrocław (ehemals Breslau) fast vollständig erhaltene Werkbundsiedlung drohte nach Nationalsozialismus und Zweitem Weltkrieg zunächst in Vergessenheit zu geraten.

Erst neuere Forschungen haben sich dieser wichtigen Bauausstellung angenommen: Von Lubomír und Vladimír Šlapeta, Prag, erschien 1979 in der «Bauwelt» einer der ersten Beiträge zur WUWA. Jadwiga Urbanik, Polytechnikum Wrocław, hat 1991 auf die internationale Bedeutung der Breslauer Siedlung hingewiesen und den heutigen, teilweise bedenklichen Erhaltungszustand der Bauten untersucht. Christine Nielsen hat in ihrer 1994 an der Bonner Universität vorgelegten Magisterarbeit grundlegende Forschungen zur Planungs- und Baugeschichte der Breslauer Siedlung erarbeitet und einen ausführlichen Katalog der Bauten erstellt. 1995 hat Beate Störtkuhl, Bundesinstitut für ostdeutsche Kultur und Geschichte in Osnabrück, einen umfassenden Beitrag über die WUWA veröffentlicht.

Die in Zusammenarbeit mit polnischen Wissenschaftlern erarbeitete Ausstellung des Instituts für Auslandsbeziehungen versteht sich als bilaterales Projekt, um auf die außergewöhnliche Qualität und Einzigartigkeit dieser Werkbundsiedlung der späten zwanziger Jahre aufmerksam zu machen. Anhand von Modellrekonstruktionen, historischen und aktuellen Fotografien werden zum ersten Mal alle Bauten der Versuchssiedlung in einem Gesamtüberblick vorgestellt, gleichzeitig spätere Umbauten und der heutige Erhaltungszustand dokumentiert. Hinzu kommt eine Auswahl eigens für die WUWA konzipierter Werbegrafik von Johannes Molzahn.

Der Initiative von Dietrich W. Schmidt, Institut für Architekturgeschichte der Universität Stuttgart, ist die Idee der Ausstellung und des vorliegenden Kataloges zu verdanken. Ihm sei für sein großes Engagement und die ausgezeichnete Zusammenarbeit gedankt.

Die Modelle wurden von Studenten am Institut für Darstellen und Gestalten, unter Prof. Knoll, Universität Stuttgart erstellt. Werkstattleiter Martin Hechinger betreute die Herstellung.

Besonderer Dank gilt Jerzy Ilkosz, dem Leiter des Archiwum Budowlane in Wrocław, für die freundliche Hilfe und gute Zusammenarbeit, ferner auch Matthias Schirren, Stiftung Archiv der Akademie der Künste Berlin, Beate Störtkuhl, Oldenburg und Andreas Denk. Die Ausleihe der Originalgrafiken von Johannes Molzahn ermöglichten Christian Gries und Hans-Peter Reisse, Johannes-Molzahn-Centrum für Documentation und Publication in Kassel. Die Fotografien vom aktuellen Zustand der Werkbundsiedlung fertigte Jerzy K. Kos, Wrocław, an.

Die Drucklegung des Kataloges wurde von der LG-Stiftung Kunst und Kultur, Stuttgart, unterstützt.

Wir danken allen Autoren sowie den vielen Beteiligten, die hier nicht namentlich aufgeführt sind, für die zahlreichen Anregungen und Hinweise.

Beate Eckstein

5

Contents

Inhalt

INNOVATION AND EXPERIMENT
The Modern Concept of Architecture and Its Roots: Introducing Reasons

The Breslau Werkbundsiedlung of 1929, a model housing development in the district of Breslau-Grüneiche, mainly addressed the different functions of dwellings. This finds expression, first of all, in the concise title of the accompanying exhibition «Wohnung und Werkraum» (apartment and workspace) with the appealing abbreviation WUWA. As to its theme, this second exhibition project of the Deutscher Werkbund no doubt refers to the Stuttgart Weissenhofsiedlung of 1927, the first Werkbund housing estate project bearing the even more general and comprehensively formulated title «The Apartment». While the Weissenhofsiedlung attained international reputation, the Breslau Werkbund estate has been in its shadow until today. There are several reasons for this:

Two years after the Stuttgart Weissenhof project, the organizers in Silesia, a region at the periphery of the Reich, decided not to call for international participation. This is why, at a time of growing nationalism, the exhibition only had limited resonance from the international professional world.

In Germany, Modern Architecture was the object of racist attacks, among other criticism; this was also apparent in Breslau since the estate was stigmatized as «Damascus» or «Little Morocco»[1]; just three years after completion the Breslau housing estate also fell into official disrepute when the Nazis seized power.[2] After 1945, Breslau was incorporated into the Polish State and became a «Sleeping Beauty», due to the «Iron Curtain». Only in 1979, Vladlimir Šlapeta[3] succeeded in lifting the curtain.

The present exhibition and catalogue therefore aims to rescue the Breslau Werkbundsiedlung from oblivion, a worthwhile objective in view of its quality.

Neither of the two Werkbund Estates can be regarded as a contribution to housing the masses, like the large housing developments in Berlin, Magdeburg or Frankfurt a.M. Not quantity, but quality was the aim for these experimental projects. In Stuttgart, the building task «community living» was hardly noticeable, but in Breslau, several architects tried to find solutions to this problem and presented exemplary models.

During the 20s, architects on the whole tried to achieve a sensible floor plan organization for individual houses, but also for an entire housing settlement site. That was the general theme during the Weimar Republic, not only for progressive architects, but also for those who, cautiously reforming their designs, hesitated to depart from traditional values. Such guarded thinking is discernible also in Breslau.[4] For a long time, these architects whose designs were mostly conventional, were stigmatized as «conservative» – this was an inadmissible simplification, even polarization.

The others, i.e. those who believed in progress, wanted more than reforms: they attempted a revolution. Some of these architects also built on the Breslau Werkbund housing estate.[5] In view of both enormous housing shortages and the new, more liberal, i.e. Republican State and society with democratic ideals of equality – which they welcomed with greater enthusiasm than the «conservatives» – they thought that basic changes were necessary. They were more radical, were also committed to their architecture being of service to society and to fundamental innovations. Today, one would probably not hesitate to call some of these convinced innovators[6] «fundamentalists». The new architectural vocabulary was meant to correspond to the political break with the past. A rational «machine architecture» was designed to be socially compatible, above all. Architects no longer wanted to build for rich and influential clients, but also for the underprivileged, for the majority of the population. Such extreme positions[7] of «industrial functionalism»[8] do not appear in Breslau. One has yet to examine the reasons for this.

The functionalists aimed at improving living conditions, among other things; they wanted to house the

Walter Gropius, Siedlung Dessau-Törten, 1926–28
Walter Gropius, housing development Dessau-Törten, 1926–28

INNOVATION UND EXPERIMENT
Wurzeln moderner Architekturauffassung
Eine begründende Einleitung

Die Breslauer Werkbundsiedlung von 1929, eine Versuchssiedlung in Breslau-Grüneiche, thematisierte vor allem differenzierte Funktionen des Wohnens. Das kommt schon in dem prägnanten Titel der begleitenden Ausstellung «Wohnung und Werkraum» mit dem zugkräftigen Kürzel WUWA zum Ausdruck. Thematisch also knüpft diese zweite deutsche Werkbundsiedlung zweifellos an die Stuttgarter Weißenhofsiedlung von 1927 an, diese erste Siedlung des Werkbunds mit dem noch allgemeiner und umfassender formulierten Ausstellungstitel «Die Wohnung». Während die Weißenhofsiedlung zu Weltruhm gelangte, steht die Breslauer Werkbundsiedlung noch in ihrem Schatten. Dies hat mehrere Gründe:

In Schlesien, am Rande des Reichsgebietes, entschied man sich zwei Jahre nach dem Stuttgarter Weißenhof-Projekt nicht zu einer internationalen Beteiligung. So blieb schon damals, in einer Zeit wachsender Nationalismen, die Resonanz der internationalen Fachwelt begrenzt.

Im eigenen Lande war das Neue Bauen unter anderm rassistischen Anfeindungen ausgesetzt, die sich auch bei der Breslauer Werkbundsiedlung in Stigmatisierungen wie «Damaskus» oder «Kleinmarokko» niederschlugen;[1] nur drei Jahre nach Fertigstellung geriet auch die Breslauer Siedlung durch die Machtübernahme der Nationalsozialisten amtlich in Verruf.[2]

Nach 1945 wurde das nun dem polnischen Staatsgebiet einverleibte Breslau durch den «Eisernen Vorhang» in einen «Dornröschenschlaf» versetzt; erst 1979 gelang es Vladimír Šlapeta[3], den Vorhang zu lüf-

ten. Ein Bestreben der aktuellen Ausstellung und der vorliegenden Publikation liegt darin, diese Siedlung dem Vergessen zu entreißen, was wegen ihrer Qualität lohnend erscheint.

Keine der beiden Werkbundsiedlungen kann als Beitrag zum Massenwohnungsbau verstanden werden, wie etwa die großen Siedlungen in Berlin, Magdeburg oder Frankfurt a.M. Nicht Quantität, sondern Qualität stand bei diesen Experimenten im Vordergrund. Während in Stuttgart das Wohnen in der Gemeinschaft kaum thematisiert worden war, versuchten mehrere Architekten in Breslau mit beispielhaften Modellen Antworten auf diesen Fragenkomplex zu geben.

Ganz allgemein bemühten sich die Architekten der zwanziger Jahre einerseits um die sinnvolle Organisation von unterschiedlichen Nutzungen im Grundriß des einzelnen Hauses, andererseits um diejenige eines ganzen Wohnungsverbandes in einer Siedlung. Das war das Generalthema in der Weimarer Republik, übrigens nicht nur der progressiven Architekten, sondern auch derjenigen, die eher vorsichtig reformierend sich nur zögernd von traditionellen Werten entfernten. Solche bedächtigen Auffassungen werden teilweise auch in Breslau erkennbar.[4] Man hat diese vorwiegend konventionell entwerfenden Architekten lange als «konservativ» stigmatisiert und damit in unzulässiger Weise simplifiziert, ja polarisiert.

Die Fortschrittsgläubigen dagegen wollten viel mehr als nur reformieren – sie wollten revolutionieren; und auch sie bauten in der Breslauer Werkbundsiedlung.[5] Sie hielten angesichts nicht nur der enormen Wohnungsnot, sondern auch einer neuen, freieren Staats- und Gesellschaftsform, der Republik nämlich mit demokratischen Gleichheitsprinzipien, die sie vehement begrüßten, eine Veränderung im Grundsätzlichen für notwendig. Sie waren radikaler, engagierten sich auch sozial und hatten sich fundamentalen Innovationen verschrieben. So würde man heute wohl manche dieser überzeugten Erneuerer[6] kurzerhand als «Fundamentalisten» bezeichnen. Dem politischen Bruch mit der Vergangenheit sollte auch das architektonische Vokabular entsprechen. Diese rationale «Maschinen-Architektur» sollte vor allem sozial verträglicher sein, man wollte nicht mehr nur für die Wohlhabenden und Einflußreichen bauen, sondern auch für die Unterprivilegierten, für die Mehrheit der Bevölkerung: Solche extreme Positionen[7] des «industriellen Funktiona-

9

Weißenhofsiedlung Stuttgart, Postkarte (1934) «Araberdorf»
Weissenhofsiedlung Stuttgart, postcard (1934) «Arab village»

poor like other people in more humane and hygienic quarters than those provided in the tenement blocks of the era of Emperor William II. This meant a new, «heliotropic» orientation of living spaces, instead of the former «representative» orientation. New ground floor patterns were required to render cross-ventilation possible. A kitchen and a toilet, in many cases also a small bathroom and central heating, now became standard for even the most inexpensive flats, as can be seen in Breslau, too. One therefore needed cheaper construction methods and building structures. And these were not to be hidden: material equity was the key word of that time. Ornaments were denigrated as superfluous additions.[9] At the root of this attitude lay a moral conviction that demanded openness and transparency. It resulted in a clear and simple language of forms, reduced to smooth wall surfaces with large window openings, and to stereometric cubes without the traditional pitched roof which would have been better for weather-tightness and humidity control. This often misunderstood purism was thus not only founded on economics, but also on morality. With regard to formal aesthetics, it was part of the strategy of differentiating it from traditional designs. The new form was not meant to simply follow function[10], it was fashioned distinctly and with intent. And finally, the building organism was to function in a sensible way. Instead of dividing any given cube by means of partition walls[11], individual space units were accumulated to create a differentiated building volume, thus expressing the complexity of the house.[12] Theo van Doesburg, well-known to members of the Deutscher Werkbund, had demanded in De Stijl in 1922: «From functional necessity, defining the organization of space, the architectural sculpture will come. The interior should shape the exterior.»[13]

Things that seem obvious to us today developed into standards during the 20s: the smaller bathroom adjoining the larger bedroom, the smaller kitchen next to the bigger dining-room. In this way – prepared by the Jugendstil – often fascinating terraced spatial compositions were created which «functioned» well due to shorter distances between spaces. Many definitions of functionalism shy away from limiting the phenomenon to the 20th century. If one takes any «ism» to mean the exaggeration of a particular phenomenon – i.e. «functional-ism» to connote an overestimation of functional design principles – one can safely limit it to the first two thirds of the 20th century. The term functionalism certainly bears the risk of taking parts of modern architecture for its

entirety. Logically, the leading architects of functionalism were branded as one-sided, especially by their opponents from the traditionalist camp. To the latter, function was indeed essential, but in no way the only factor in expressing the art of architecture.[14]

Functionalism was mainly prevalent in larger cities with industrial areas, for example in Breslau, whereas in rural areas the staying-power of tradition was stronger since they did not have the social and housing problems caused by industrialization.

But even in urban areas there were differences, rooted in the political situation just after World War I. Following the Versailles Peace Treaty of 1919, the German Empire had lost parts of its territory, especially in the western and eastern border regions. President Wilson's «Fourteen Points» of January 8, 1918 stated cession of West Prussia and Poznán to the re-founded Polish State as a prerequisite for peace (Point 13). And after 1920, a small eastern part of the upper-Silesian industrial region also joined Poland following a plebiscite. These territorial losses[15] were a painful experience for Germans, especially in the border areas of the Reich, and it had an impact on their cultural sector, which from then on strove for national demarcation and independence. In

Wohnhaus Paul Schmitthenner, Breslau-Carlowitz, 1911–13, Grundriß
Private residence Paul Schmitthenner, Breslau-Carlowitz, 1911–13, floor plan

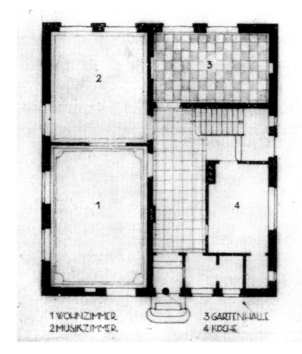

1 WOHNZIMMER 3 GARTENHALLE
2 MUSIKZIMMER 4 KÜCHE

lismus»[8] finden wir nicht in Breslau. Auf die Ursachen dafür wird noch einzugehen sein.

Die Funktionalisten forderten unter anderm eine Verbesserung der Wohnsituation: Auch die wirtschaftlich Schwachen sollten menschenwürdiger und hygienischer als in den Mietskasernen der Kaiserzeit wohnen können. Das erforderte eine neue, heliotrope Ausrichtung der Wohnräume, die nun nicht mehr nach repräsentativen Gesichtspunkten orientiert wurden, und neue Grundrißdispositionen, die eine Querlüftung ermöglichten; Küche und Toilette, häufig auch ein kleines Bad und Zentralheizung gehörten von nun an zum Standard selbst der billigsten Wohnung, wie man auch in Breslau sehen kann. Dafür brauchte man wirtschaftlichere Baumethoden und Konstruktionsweisen, und diese wollte man auch offen zeigen: Materialgerechtigkeit war ein Schlüsselwort der Epoche, Schmuckelemente wurden als überflüssige Zutat denunziert.[9] Dahinter stand eine moralische Haltung, die Offenheit und Transparenz verlangte. Dies führte zu einer klaren und einfachen Formensprache, die sich auf glatte Flächen mit großen Fensteröffnungen und stereometrische Kuben ohne das traditionelle (bauphysikalisch aber günstigere) Steildach reduzierte. Dieser oft mißverstandene Purismus war also nicht

Theo van Doesburg und Cor van Eesteren, Maison particulière, 1923, Isometrie
Theo van Doesburg & Cor van Eesteren, Maison particulière, 1923, isometry

nur wirtschaftlich begründet, sondern auch ethisch. Formalästhetisch gehörte er zur Abgrenzungsstrategie gegen traditionelle Gestaltungsmuster. Die neue Form sollte sich nicht einfach nur aus der Funktion ergeben[10], sondern sie wurde bewußt und zielgerichtet eingesetzt. Und schließlich sollte der Gebäudeorganismus auch vernünftig funktionieren. Anstatt einen vorgegebenen Kubus durch Trennwände zu unterteilen[11], addierte man einzelne Raumeinheiten zu einem differenzierten Baukörper und brachte damit zugleich die Komplexität des Hauses zum Ausdruck.[12] Theo van Doesburg, im Deutschen Werkbund wohlbekannt, hatte 1922 in De Stijl gefordert: «Aus der funktionellen Notwendigkeit, die die Einteilung des Raumes bestimmt, wird die architektonische Plastik hervorgehen. Das Innere soll das Äußere gestalten.»[13] Heutige Selbstverständlichkeiten wurden damals zur Norm: Dem größeren Schlafzimmer wurde das kleinere Bad zugeordnet, der kleineren Küche das größere Eßzimmer. So entstanden – im Jugendstil vorbereitet – oft spannungsvoll abgestufte Raumkompositionen, die mit kürzeren Wegen auch gut funktionierten. Viele Funktionalismus-Definitionen scheuen sich vor einer deutlichen Einschränkung des Begriffs auf das 20. Jahrhundert. Versteht man unter einem «Ismus» die Übertreibung eines Phänomens, also unter Funktional-«ismus» die Übertreibung funktionaler Entwurfsprinzipien, dann kann man diese Erscheinung durchaus auf die ersten zwei Drittel des 20. Jahrhunderts begrenzen. In dem Begriff steckt freilich die Gefahr, einen Teilaspekt des «Neuen Bauens» als das Ganze anzusehen. Folgerichtig wurden die führenden Architekten des Funktionalismus als einseitig abgestempelt, vor allem von ihren Gegnern aus dem traditionellen Lager. Die Funktion galt jenen zwar als der entscheidende, keineswegs aber als der einzige Faktor ihrer baukünstlerischen Aussage.[14]

Die Architektur funktionalistischer Prägung setzte sich vor allem in den größeren Städten mit ihren Industrieanlagen durch, wie beispielsweise in Breslau, während in den ländlichen Gebieten das traditionelle Beharrungsvermögen größer gewesen ist, denn hier fehlten die von der Industrialisierung verursachten sozialen Strukturprobleme. Aber auch im städtischen Bereich gab es Unterschiede, deren Ursachen in der politischen Situation kurz nach dem Ersten Weltkrieg zu suchen sind.

So hatte das Deutsche Kaiserreich als Folge des Versailler Friedensvertrags von 1919 vor allem an seinen westlichen und östlichen Rändern Gebiete verloren. In den «Vierzehn Punkten» des amerikanischen Präsidenten Wilson vom 8.1.1918 war auch die Abtretung

architecture, too, one diligently sought out national characteristics in order to protect the homeland from «foreignization» or «international dilution» respectively. Paul Schmitthenner, himself a «borderland German» from Alsace, had demonstrated such bourgeois-German architecture already in the Breslau garden city of Carlowitz between 1911 and 1913; after 1918, he produced quite a flood of national-romantic housing developments.[16] In this incentive climate of national emotions[17], the upcoming modern rational architecture of functionalism had a better chance of a breakthrough in central Germany, which had other problems, unconnected to the confrontation with foreign cultures. The architect Richard Döcker from Stuttgart, project manager of the Weissenhofsiedlung, had a rationalist approach, widely prevalent also among members of the Deutscher Werkbund, that opposed these obsolete values from the century of nation-states. In 1929, the year of the Breslau Werkbund exhibition, he published his trend-setting book «Terrassentyp». In it, he wanted to turn «knowledge and intellect into the foundations of a society of sensible human beings».[18] In the place of emotional and traditional obsessions, Werkbund modern art and architecture called for innovative thinking and the courage to experiment. Döcker detested any «fear of the experiment» and any «insistence on the experience of things inherited».[19] In 1929, he «imperiously» called for «hygienic living conditions for all social classes, and a closeness to nature» and finally, with the pathos typical of his time: «Liberty!»[20] In this statement one recognizes a further essential element of the progressive architectural stance taken by the Deutscher Werkbund: its social involvement, ranging before formal-aesthetic demands, which was in line with the political and economic needs of the period. The protectors of the «homeland», bent on national identity, were suspicious of this international modernism. The Stuttgart Weissenhofsiedlung had already had to contend with aggressive, extremely conservative protuberances. It is therefore not surprising that Breslau, situated in the eastern glacis of German culture, precluded an international and even more so a Polish participation in the Werkbund exhibition project, since the aim, at that time, was not understanding, but demarcation.[21]

In view of these in no way particularly favourable conditions, the architectural achievements of the Breslau test settlement can be classified as remarkably progressive, even considering that, formally, they do not match the quality of the Weissenhofsiedlung.

Considering social aspects, the Breslau Werkbundsiedlung merits even more attention: The theme of community living is emphasized clearly by the access-balcony-house by Heim & Kempter, by Adolf Rading's Kollektivhaus and above all by Hans Scharoun's singles' residence. With their kindergarten design Heim & Kempter also demonstrated their awareness of changing social structures and the emancipation movement among women. In Stuttgart, such approaches had been missing entirely. However, the emphasis of technological innovation with seminal construction methods like the steel frame is common to both test housing developments.

It is therefore an essential objective of the present exhibition of the Breslau Werkbundsiedlung to draw attention to this architectural quality, manifest in the delight with innovation and the courage to experiment, not – as usual – by presenting historic plans and drawings[22] often only comprehensible to the professional public, but by means of model reconstructions based on original plans. This material is complemented by historic photographs of the buildings and pictures of their present state and historic commercial advertising artwork. The reconstruction models, three-dimensional visual aids, thus offer the key to understanding the architecture presented in this exhibition. In line with the intentions of an enlightening Modern Movement, the object of the exhibition is not so much to convey the fascination with historic

Paul Schmitthenner, Siedlung Ooswinkel, Baden-Baden, 1918–24, Entwurfszeichnung
Paul Schmitthenner, Baden-Baden, Ooswinkel Estate, 1918–24, project drawing

von Westpreußen und Posen an den wiedergegründeten polnischen Staat (Punkt 13) zur Friedensbedingung gemacht worden. Durch Volksabstimmung ging nach 1920 zusätzlich ein kleiner östlicher Teil des oberschlesischen Industriegebiets an Polen.

Diese territorialen Verluste[15] wurden besonders an der Peripherie des Reiches als schmerzlich empfunden. Dies wirkte sich auch im kulturellen Bereich aus, wo Abgrenzung und Eigenständigkeit angestrebt wurden. Auch in der Architektur wurde vermehrt nach nationalen Charakteristika gesucht, um die Heimat vor «Überfremdung» und «internationaler Verwässerung» zu schützen. Paul Schmitthenner, der Grenzlanddeutsche aus dem Elsaß, hatte solch bürgerlich-deutsche Architekturauffassung schon zwischen 1911 und 1913 bei der Breslauer Gartenstadt Carlowitz demonstriert und erging sich nach 1918 in einer wahren Flut von nationalromantischen Siedlungen.[16]

In diesem Reizklima nationaler Emotionen[17] konnte sich die neu entstehende rationale Architektur des Funktionalismus in der Mitte des Landes besser durchsetzen, weil hier andere Probleme als die Konfrontation mit anderen Kulturen im Vordergrund standen. Richard Döcker, der Bauleiter der Weißenhofsiedlung, vertrat im Gegensatz zu den obsoleten Werten aus dem Jahrhundert der Nationalstaaten einen rationalistischen Denkansatz, der auch im Deutschen Werkbund verbreitet war. Im Jahr der Breslauer Werkbundausstellung veröffentlichte der Stuttgarter Architekt sein richtungweisendes Buch vom «Terrassentyp». Darin wollte er «Wissen und Verstand zur Grundlage für eine vernünftige Gesellschaft menschlicher Wesen machen».[18] Statt emotionaler und traditioneller Obsessionen verlangte die Werkbund-Moderne innovatives Denken und Mut zum Experiment. Döcker verurteilte die «Angst vor dem Versuch» und das «Pochen nur auf Erfahrungen ererbter Dinge»[19]; gebieterisch forderte er 1929 «hygienische Gestaltung des Lebens für alle Schichten der Gesellschaft, Verbundenheit mit der Natur», zuguterletzt in zeittypischem Pathos: «Freiheit!»[20] In diesem Postulat klingt ein weiterer Aspekt progressiven Architekturverständnisses im Deutschen Werkbund an: Das soziale Engagement, das – den politischen und wirtschaftlichen Erfordernissen der Zeit entsprechend – vor formalästhetischen Ansprüchen rangierte.

Dieser internationale Modernismus war den auf nationale Identität bedachten Heimatschützern suspekt. Schon die Stuttgarter Weißenhofsiedlung hatte mit heftigen Protuberanzen des Konservatismus zu kämpfen. So ist es nicht verwunderlich, daß beim Breslauer Werkbundprojekt gleichsam im östlichen Glacis der deutschen Kultur eine internationale, oder gar polnische Beteiligung ausschied. Es ging ja damals nicht um Verständigung, sondern um Abgrenzung.[21]

Vor diesem keineswegs günstigen Hintergrund dürfen die architektonischen Leistungen der Breslauer Versuchssiedlung Grüneiche als bemerkenswert progressiv eingestuft werden, auch wenn sie in formaler Hinsicht die Qualität der Weißenhofsiedlung wohl nicht in vollem Umfang erreichen. Unter sozialen Gesichtspunkten indessen wird man dem Breslauer Werkbundprojekt sogar mehr Aufmerksamkeit widmen: Denn das Thema «Wohnen in der Gemeinschaft» ist hier mit dem Laubenganghaus von Heim & Kempter, dem Kollektivwohnhaus von Adolf Rading und vor allem Hans Scharouns Ledigenwohnheim deutlicher vorhanden. Auch der Kindergarten von Heim & Kempter zeigt das Problembewußtsein für die veränderte Sozialstruktur und die Emanzipationsbestrebungen der Frauen. Derartige Ansätze fehlten in Stuttgart noch völlig. Die Betonung technologischer Innovation mit zukunftsweisenden Konstruktionsweisen wie etwa dem Stahlskelett trifft hingegen auf beide Siedlungen gleichermaßen zu.

So ist es ein wesentliches Anliegen der aktuellen Ausstellung über die Breslauer Werkbund-Siedlung, auf diese architektonische Qualität aufmerksam zu machen, die sich in der Innovationsfreude und dem Mut zum Experiment manifestiert. Dies geschieht hier nicht – wie sonst üblich – allein mit Hilfe der Präsentation von historischem Planmaterial[22], das häufig nur einem fachlich vorgebildeten Publikum verständlich ist, sondern vorwiegend mit Rekonstruktionsversuchen, die auf Originalquellen basieren. Ergänzt wird das Planmaterial von fotografischen Ansichten des ursprünglichen und heutigen Zustands und zeitgenössischer Werbegrafik. Als zentrales Medium dieser Architekturausstellung wurden rekonstruierte Modelle gewählt, um mit diesem dreidimensionalen Anschauungsmaterial das Verständnis zu erleichtern. Es steht also – ganz im Sinne der aufklärerischen Moderne – weniger die Faszination von historischer Darstellungskunst im Vordergrund als vielmehr eine konkrete Erklärungsabsicht.

Dieses Ziel bedingte eine intensive Überarbeitung der teilweise unvollständigen und widersprüchlichen Baupläne anhand von zeitgenössischen Fotos und Darstellungen in der Fachliteratur; sie wurde in einem zweisemestrigen Seminar am Institut für Architekturgeschichte der Universität Stuttgart geleistet. Bei einer Exkursion nach Breslau im Herbst 1995 wurden die Bestände des Breslauer Bauarchivs ausgewertet.

forms of artistic representation as to clearly explain these representations.

To achieve this, it proved necessary to re-draft the partly incomplete or contradictory construction plans on the basis of historic photographs and illustrations in specialized literature. Students of the Institute of Architectural History at the University of Stuttgart completed this work during a two-semester seminar. During an excursion to Breslau in the autumn of 1995, the material filed in the Breslau Bauarchiv was studied and analyzed. These documents were used as a basis for the models that were built during the winter term 1995/96 at the Institut für Darstellen und Gestalten (architectural presentation and design). The task of building models of historic buildings, which in some cases have been extensively altered, does not only ask for three-dimensional visualization faculties, but also for exact work techniques, the right choice of suitable materials and handicraft skills. In addition, it calls for a profound knowledge of the architect's initial design concepts – his intentions regarding function, structure and formal expression – and of the technological and theoretical facts known in their time, of local conditions and the requirements of the commission.

So this exhibition is meant to be a teaching instrument that demonstrates the achievements of the Werkbund modern architecture from the first third of this century, retrieving them from oblivion. The three-dimensional exhibits offer the advantage of conveying architectural quality by virtue of their visual and haptic characteristics. In addition the fact that they were built at an architectural school comprises another didactic impact: the reconstruction of historic buildings in models is a method of teaching architectural history. Studying real models of residential living does not only unearth an awareness of historic qualities, buried by totalitarianism and economic wonder, it can also give fresh inspiration to current architectural designing.

Dietrich W. Schmidt

[1] Names unimaginatively modelled on the abusive terms «Arab Village» or «Jerusalem Suburb» for the Stuttgart Weissenhofsiedlung.

[2] While the dramatic Stuttgart disagreement between the preservation of local traditions on the one hand and a future-oriented architecture on the other had given further publicity to the Estate, Breslau's modern architecture sank into oblivion.

[3] Vladimír Šlapeta is the son of Lubomír Šlapeta (Prag), who studied under Scharoun; see also L. and V. Šlapeta: 50 Jahre WUWA. In: Bauwelt, vol. 70, no. 35, 1979, pp. 1426–1445.

[4] E.g. in Gustav Wolf's buildings.

[5] Especially Scharoun and Rading, who had also contributed to the Weissenhof project, or Lauterbach.

[6] For example the radical materialists Hannes Meyer and Hans Schmidt, both Swiss, or Ludwig Hilberseimer from Karlsruhe.

[7] Hannes Meyer, second director of the Bauhaus, wrote a letter to Dessau's mayor, demanding that «the need of the people» was fulfilled, instead of «the demand for luxury» (see H.M. Wingler: Das Bauhaus, Bramsche 1968, p. 170).

[8] See the Törten Estate in Dessau by the Bauhaus director Walter Gropius.

[9] Adolf Loos thought that lack of ornaments was a sign for clear thinking.

[10] Louis H. Sullivan coined the key phrase of functionalism in 1896: «form follows function».

[11] See, for example, Schmitthenner's own house in Breslau-Carlowitz (1911–13) or his House Roser in Stuttgart (1925/26)!

[12] See House 35 by Heinrich Lauterbach.

[13] Quoted from H. Jaffé: Mondrian and De Stijl, Cologne 1967.

[14] Le Corbusier, for example, confronted his frequently quoted thesis of the house as a «machine for living in» with a second: «Architecture reaches beyond all questions of its use value.» Gropius had found: «The blessing of imagination is more important than technology, which always submits to the creative will of human beings.» (Quoted from U. Conrads: Manifeste. Bauwelt-Fundamente 1, p. 44.)

[15] A total of over 70,000 square kilometres.

[16] Next to the garden city of Staaken near Berlin (1914–17) among others the Plaue Housing Development near Brandenburg (1915–17), the Ooswinkel Estate in Baden-Baden (1918–24), Schnödeneck in Sindelfingen and Kochendorf in Bad Friedrichshall (1919/20), the settlement called «Deutsches Holz» at the Kochenhof in Stuttgart (1933) or Zeppelindorf in Friedrichshafen (1935)

[17] See Christoph Hackelsberger's polemic lecture «Deutsch sein als Auftrag und Sendung. Paul Schmitthenner, Architekt und Lehrer, auf der Suche nach dem Idealen» (German-ness as commission and mission. P. S., architect and teacher, in search of the ideal) at the colloquium organized by the Faculty of Architecture and Urban Planning of Stuttgart University on the occasion of Paul Schmitthenner's centenary on December 12, 1984. In: Bauwelt, vol. 80, 1985, pp. 79–83.

[18] R. Döcker, Terrassentyp, Stuttgart 1929, p. 77

[19] Döcker op. cit., p. 17.

[20] Döcker op. cit., p.1

[21] Typically, the Karlsruhe Dammerstocksiedlung in Western Germany did not admit foreign architects either.

[22] For lack of time, this was prepared making no great demands on the quality of representation.

Unter Verwendung dieses Materials wurden am Institut für Darstellen und Gestalten im Wintersemester 1995/96 die Modelle hergestellt. Die Aufgabe, Modelle des Originalzustands von historischer Bausubstanz mit heute teilweise gravierenden Veränderungen zu rekonstruieren, erfordert nicht nur räumliches Vorstellungsvermögen, präzise Arbeitstechnik, sinnvolle Auswahl des Materials und handwerkliches Geschick, sondern verlangt darüber hinaus konkretes Wissen über die Ausgangsposition des Architekten, seine entwerferischen Absichten bezüglich Funktion, Konstruktion und formalem Ausdruck, über die technologischen und theoretischen Voraussetzungen der Zeit, die örtlichen Gegebenheiten und die Auftragssituation. So steht einerseits die Ausstellung selbst unter dem didaktischen Aspekt, Leistungen der Werkbund-Moderne aus dem ersten Drittel des Jahrhunderts zu veranschaulichen und wieder in ein breiteres Bewußtsein zurückzurufen. Andererseits hat auch ihre Entstehungsgeschichte an einer Architekturschule spezifisch didaktische Gesichtspunkte: die Rekonstruktion historischer Bausubstanz im Modell als Methode der Baugeschichtslehre. In der Auseinandersetzung mit den konkreten Denkmodellen zum Wohnen wird nicht nur durch Totalitarismus und Wirtschaftswunder verschüttete historische Qualität bewußt gemacht, sondern sie kann auch heutigem Entwerfen neue Impulse vermitteln.

Dietrich W. Schmidt

1   Dies in phantasieloser Anlehnung an die Verunglimpfungen «Araberdorf» oder «Vorstadt Jerusalems» für die Stuttgarter Weißenhofsiedlung.

2   Während das spektakuläre Stuttgarter Zerwürfnis über Heimatschutz oder Zukunftsorientierung den Bekanntheitsgrad der Siedlung noch steigerte, versank die Breslauer Moderne in Vergessenheit.

3   Vladimír Šlapeta ist der Sohn des Scharoun-Schülers Lubomír Šlapeta aus Prag; vgl.: L. und V. Šlapeta: 50 Jahre WUWA. In: Bauwelt, 70. Jg., Heft 35, 1979, S. 1426–1445.

4   So im Werk Gustav Wolfs.

5   Vor allem Scharoun und Rading, die schon am Weißenhofprojekt beteiligt waren, oder Lauterbach.

6   Man denke an die rigorosen Materialisten Hannes Meyer und Hans Schmidt aus der Schweiz oder an den Karlsruher Ludwig Hilberseimer.

7   Hannes Meyer, der zweite Bauhausdirektor, forderte in einem Brief an den Dessauer Bürgermeister «Volksbedarf statt Luxusbedarf», zit. n.: H.M. Wingler: Das Bauhaus, Bramsche 1968, S. 170.

8   Vgl. die Dessauer Siedlung Törten des Bauhausdirektors Walter Gropius.

9   Adolf Loos sah in der Ornamentlosigkeit ein Zeichen für klares Denken.

10 Gemäß dem 1896 von Louis H. Sullivan formulierten Kernsatz «form follows function».

11 Vgl. z.B. Schmittenners eigenes Haus in Breslau-Carlowitz (1911–13) oder sein Haus Roser in Stuttgart (1925/26).

12 Vgl. Haus 35 von Heinrich Lauterbach.

13 Zit. n.: H. Jaffé: Mondrian und De Stijl, Köln 1967.

14 Le Corbusier stellte seiner vielzitierten These «Das Haus ist eine Wohnmaschine» eine zweite unmittelbar gegenüber: «Architektur liegt jenseits aller Fragen nach dem Nutzwert.» Gropius hatte festgestellt: «Gnade der Phantasie ist wichtiger als alle Technik, die sich immer dem Gestaltungswillen der Menschen fügt.» Zit. n. Ulrich Conrads: Manifeste, Bauwelt Fundamente 1, S. 44.

15 Insgesamt immerhin über 70.000 qkm.

16 Nach der Gartenstadt Staaken in Berlin (1914–17) etwa die Siedlungen Plaue bei Brandenburg (1915–17), Ooswinkel in Baden-Baden (1918–24), Schnödeneck in Sindelfingen und Kochendorf in Bad Friedrichshall (1919/20), «Deutsches Holz» am Kochenhof in Stuttgart (1933) oder Zeppelindorf in Friedrichshafen (1935).

17 Vgl. Christoph Hackelsbergers Polemik «Deutsch sein als Auftrag und Sendung. Paul Schmitthenner, Architekt und Lehrer, auf der Suche nach dem Idealen» auf dem Kolloquium der Fakultät für Architektur und Stadtplanung der Universität Stuttgart zum 100. Geburtstag von Paul Schmitthenner am 12.12.1984. In: Bauwelt, 80. Jg., 1985, Heft 3, S. 79–83.

18 R. Döcker: Terrassentyp, Stuttgart 1929, S. 77.

19 Döcker, a.a.O., S. 17.

20 Döcker, a.a.O., S. 1.

21 Auch in der Karlsruher Dammerstocksiedlung im Westen Deutschlands waren bezeichnenderweise keine ausländischen Architekten mehr beteiligt.

22 Es wurde unter großem Zeitdruck ohne besonderen darstellerischen Anspruch erstellt.

BRESLAU AND ITS WERKBUNDSIEDLUNG OF 1929
Planning Ideas and Housing Concepts

When opening its gates in Breslau on June 15, 1929 for three months, the Werkbund exhibition «Wohnung und Werkraum» (apartment and workspace, WUWA for short) was hailed as one of that year's greatest cultural events. It was put up within merely three months, constantly jeopardized by a prolonged frost period, financial cuts and strikes up until the last moment; a very short time before the opening it still seemed doubtful that it would be completed on time. It was the second time this century that Breslau had been the venue of an exhibition of international appeal: in 1913 the «Historic Exhibition on the Liberation Wars' Centenary» had taken place here, giving rise to construct a large trade fair and exhibition complex to the East of Breslau. Max Berg, then the city's Director of Building and Housing, built his famous Centenary Hall for this occasion. So, towards the end of the Weimar Republic, these facilities were destined to become the site of another large exhibition, no less spectacular than its predecessor from the era of Emperor Wilhelm II.

Organizer of the WUWA was the Deutscher Werkbund (DWB) which, two years previously, had already created quite a stir with its Stuttgart exhibition, «Die Wohnung» (the apartment). From the most up-to-date building materials and methods to the interior design of home, office and workplace, from spaces for children to cemetery and garden landscaping – everything connected with modern building and housing developments was shown at the WUWA. The large exhibition was complemented by smaller ones, one organized by the Bauhaus Dessau, and the other, the DWB's travelling exhibition «International Architecture»; both of these helped to put the event into the context of the modern art movement. The WUWA not only addressed experts and professionals, but likewise inquisitive amateurs: with concerts and theatre performances, fireworks and a WUWA photographic competition, the exhibition, for the entire summer, called the tune in Breslau's social life. Various specialized symposia brought numerous visitors to the city from Germany and abroad.

Thanks to the publicity concept of Johannes Molzahn[1], the WUWA events were perceived as a unified whole and had a wide public outreach. Molzahn had only been appointed to the Chair of Design at the Breslau Academy in 1928; he was directly involved in the preparations for the exhibition and developed an

overall «corporate identity» for every sector. The easily remembered WUWA logo, a stylized lower case Sütterlin-type «w» appeared in the newspapers for months before the exhibition opened, announcing the event. Molzahn was responsible for all matters of design – from the catalogue and posters to the typography of information leaflets and adhesive labels. He also designed the «Colour» Department in the trade fair courtyard of the exhibition.

As in Stuttgart, the main attraction in Breslau was a «Model Housing Estate», built in the immediate vicinity of the trade fair site. Most of the twenty-eight buildings are still there today, though some of them in rather desolate condition. Eleven Breslau architects, all of them members of the Werkbund, had designed the fully furnished study houses that were open to the public for the whole duration of the exhibition. Best known among the architects were Adolf Rading and Hans Scharoun who had already contributed designs to the Stuttgart Werkbundsiedlung. Apart from Theo Effenberger, Paul Heim & Albert Kempter, who were successfully engaged in building housing estates in Breslau[2], and also excepting Gustav Wolf, a former long-time director of the «Westfälische Heimstätte» in Münster and then director of the Handwerker- und Kunstgewerbeschule Breslau (arts and crafts school) most of the other architects were little known outside Silesia: Moritz Hadda, Heinrich Lauterbach and Emil Lange had studied at the Breslau Academy of Art and Crafts under Hans Poelzig, and belonged, together with Paul Häusler, to the younger generation of

Max Berg, Jahrhunderthalle Breslau, 1912–13
Max Berg, Breslau Centenary Hall, 1912–13

BRESLAU UND DIE WERKBUNDSIEDLUNG 1929
Planungsideen und Wohnkonzepte

Als am 15. Juni 1929 die Werkbundausstellung «Wohnung und Werkraum» (WUWA) in Breslau für drei Monate ihre Tore öffnete, wurde sie als eines der größten kulturellen Ereignisse des Jahres gefeiert. Innerhalb von nur drei Monaten errichtet und durch anhaltenden Frost, Finanzkürzungen und Streiks bis zuletzt gefährdet, schien es noch kurz vor dem Eröffnungstermin fraglich, ob sie überhaupt rechtzeitig fertiggestellt werden würde.

Es war das zweite Mal in diesem Jahrhundert, daß Breslau Schauplatz einer international beachteten Ausstellung wurde: 1913 war hier die «Historische Ausstellung zur Jahrhundertfeier der Befreiungskriege» ausgerichtet worden, anläßlich derer ein großes Messe- und Ausstellungsgelände im Osten Breslaus errichtet wurde. Der damalige Stadtbaurat Max Berg baute hierfür seine berühmte Jahrhunderthalle. Dasselbe Gelände sollte nun gegen Ende der Weimarer Republik Schauplatz einer Ausstellung werden, die nicht minder spektakulär war wie ihre wilhelminische Vorgängerin.

Veranstalter der WUWA war der Deutsche Werkbund (DWB), der bereits zwei Jahre zuvor mit seiner Stuttgarter Ausstellung «Die Wohnung» für internationales Aufsehen gesorgt hatte. Von neuesten Baumaterialien und -techniken über funktionale Wohnungseinrichtungen, Büros und Arbeitsstätten bis hin zu Friedhofs- und Gartenanlagen wurde alles gezeigt, was das aktuelle Bau- und Siedlungswesen betraf. Eine Ausstellung des Dessauer Bauhauses und die Wander-Ausstellung des DWB «Internationale Baukunst» rundeten das Ereignis ab und ordneten es in den Kontext aktueller Kunstströmungen ein. Die WUWA richtete sich nicht nur an ein Fachpublikum, sondern auch an interessierte Laien: Mit Sonderveranstaltungen wie Musik- und Theateraufführungen, Feuerwerk und einem WUWA-Fotowettbewerb beherrschte sie einen Sommer lang das gesellschaftliche Leben Breslaus. Verschiedene Fachtagungen zogen zahlreiche Besucher aus dem In- und Ausland in die Stadt.

Dem Werbekonzept von Johannes Molzahn[1] war es zu verdanken, daß die WUWA als geschlossenes Ereignis wahrgenommen wurde und eine große Öffentlichkeit erreichte. Erst 1928 als Professor für Gestaltung an die Breslauer Akademie berufen, wurde er direkt in die Ausstellungsvorbereitungen einbezogen und entwickelte eine bis ins Detail durchgeplante «corporate identity» für die gesamte Ausstellung.

Schon Monate vor Ausstellungsbeginn waren täglich Kleinanzeigen mit dem einprägsamen WUWA-Signet, einem stilisierten kleinen «w» in Sütterlin-Schreibweise, in den Breslauer Tageszeitungen abgedruckt und wiesen auf das kommende Ereignis hin. Molzahn war für alle Gestaltungsfragen vom Katalog über die Plakate bis hin zur Typographie der Informationsblätter und Paketaufkleber zuständig. Im Messehof der Ausstellung konzipierte er die Abteilung «Farbe».

Wie in Stuttgart, so bestand auch in Breslau die Hauptattraktion in einer Versuchssiedlung, die in unmittelbarer Nähe des Messegeländes errichtet wurde. Die meisten der insgesamt 28 Bauten existieren heute noch, wenngleich sie sich zum Teil in einem desolaten Zustand befinden. Elf Breslauer Architekten, allesamt Werkbund-Mitglieder, hatten die Musterhäuser entworfen, die komplett eingerichtet für die Dauer der Ausstellung zu besichtigen waren. Die bekanntesten unter ihnen waren Adolf Rading und Hans Scharoun, die schon an der Stuttgarter Werkbundsiedlung beteiligt waren. Außer Theo Effenberger, Paul Heim & Albert Kempter, die in Breslau im Bereich des Siedlungsbaus sehr erfolgreich waren,[2] und Gustav Wolf, dem langjährigen Leiter der «Westfälischen Heimstätte» in Münster, seit 1927 Direktor der Handwerker- und Kunstgewerbeschule Breslau, waren die meisten Architekten bis dahin kaum über den schlesischen Raum hinaus bekannt geworden: Moritz Hadda, Heinrich Lauterbach und Emil Lange hatten an der Breslauer Akademie für Kunst und Kunstgewerbe bei Hans Poelzig studiert und gehörten, wie auch Paul Häusler, der jüngeren Generation der Breslauer Architektenschaft an. Ludwig Moshamer war als Mitarbeiter Max Bergs an größeren öffentlichen Bauten beteiligt gewesen.

Die überwiegende Teilnahme vergleichsweise unbekannter Architekten hat sicher mit dazu beigetragen, daß die Breslauer Versuchssiedlung in den großen Untersuchungen zur Architektur der Moderne bislang wenig berücksichtigt wurde, ungeachtet der Qualität ihrer Bauten und obwohl die Umstände ihrer Verwirklichung noch um einiges schwieriger waren als die der Weißenhofsiedlung[3].

Breslau litt seit dem Ende des Ersten Weltkrieges unter einer Rezession, die sich im Laufe der zwanziger Jahre durch die schlechte gesamtwirtschaftliche Lage und den Verlust ehemaliger Absatzgebiete nach der Teilung Ost-Oberschlesiens 1922 drastisch verschärfte.

Breslau architects. Ludwig Moshamer had participated, working in Max Berg's studio, in the construction of large public buildings.

Certainly, the participation of a majority of relatively unknown architects has contributed to the Breslau Model Housing Estate being neglected by architectural research, disregarding the quality of its buildings; and in spite of the fact that it had to be completed in much tougher conditions than the Weissenhofsiedlung[3].

Following World War I, Breslau suffered from a recession that was drastically aggravated during the 20s, due to the generally deteriorating economic situation and the loss of its former market area after the partition of East Silesia in 1922. Breslau, much more than other big German cities, had to cope with social problems like mass unemployment and housing shortages. Because of this, starting in 1919, the city had expanded its area many times over through gradually incorporating neighbouring villages, and had heavily subsidised the building of housing estates.

With regard to cultural politics, life in Breslau – after all, at that time the seventh largest German city – rather conveyed the feeling of a small town. The majority of citizens kept their distance from both the internationally renowned Academy of Art and Crafts with its high-profile faculty[4] and, unfortunately, most civil servants in key positions did the same.[5] In 1925/26, a Silesian section of the Deutscher Werkbund was founded, aiming to counteract growing provincialism and to support innovative tendencies. Its founder was the 32 year old architect Heinrich Lauterbach who also started the initiative to organize the Werkbund exhibition, with the main objective to put fresh ideas into building and to promote «Neues Bauen» (new architecture). The proponents of this movement had a new aesthetic, functional and structural concept of architecture, seeing it as the key instrument for re-structuring society.

Adolf Rading, Professor of Architecture at the Breslau Academy of Art, and one of the initiators of the Werkbund exhibition, wrote this in the Schlesische Monatshefte in 1928: «It has to be stated clearly, for once, that Breslau is the city of cultural and artistic philistines [...]. Artists cannot feel at ease in such an atmosphere [...]. Like everywhere else, the ill can only be remedied by means of a radical shift in bourgeois thinking. I am by no means a pessimist, but not optimistic enough to believe in such an eventuality happening in the foreseeable future.»[6]

Neither Adolf Rading nor Hans Scharoun saw any chance of realizing their architectural concepts in Breslau, so in 1926, they set up a joint architectural office in Berlin. The Breslau exhibition aimed to awaken an interest in the basic tenets of modern architecture and was to lead to a greater openness of building officials towards the new building methods, in order to forestall the exodus of creative artists and to establish better working conditions in the city. Lauterbach, Rading and Scharoun formed the core of the organization team for the Exhibition; they were supported by Oskar Moll, then Director of the Breslau Academy of Art and Crafts.

The original idea had been to invite international representatives of the avant-garde – as had been done in Stuttgart – so that the exhibition would carry weight and become a manifestation of modern architecture. Its conceptual proximity to the Stuttgart Werkbund Exhibition (which became clear in the course of preparing it: the theme of «living» in the framework of a model housing estate) was not perceived as a problem. On the contrary: this theme was of particular significance for Breslau, too. Furthermore, the architects assumed that, at best, the buildings in Stuttgart had only been publicized in building magazines. In taking up and exhibiting manifestations of architectural positions, unknown here in the East, they expected the greatest possible response and success.

The municipality proved receptive to the project, its main interest being geared to the economic aspects, especially aiming to promote the municipal building and district developments by testing and producing new types of apartments and novel construction materials. Making the exhibition into an instrument of economics was, of course, opposed to the artistic intentions of its initiators, especially since their point of

Blick in die Hallenausstellung, Abteilung für Gebrauchsgegenstände
Interior view of the exhibition pavilion, section «articles of daily use»

Stärker als andere Großstädte in Deutschland hatte Breslau mit sozialen Problemen wie Massenarbeitslosigkeit und Wohnungsnot zu kämpfen. Aus diesem Grund hatte die Stadt seit 1919 unter dem Motto «Groß-Breslau» das Stadtgebiet durch schrittweise Eingemeindungen um ein Vielfaches vergrößert und den Bau von Siedlungen massiv gefördert.

In kulturpolitischer Hinsicht entsprach das Leben in der damals immerhin siebtgrößten Stadt im deutschen Reich eher dem einer Kleinstadt. Der international bedeutenden Akademie für Kunst und Kunstgewerbe mit ihrem profilierten Lehrkörper[4] stand der Großteil der Bevölkerung distanziert gegenüber, dies galt leider auch für die meisten Beamten in wichtigen Funktionen.[5] Um der zunehmenden Provinzialisierung entgegenzuwirken und neue Tendenzen zu fördern, wurde 1925/26 durch den 32jährigen Architekten Heinrich Lauterbach eine schlesische Sektion des Deutschen Werkbundes gegründet. Von ihm ging auch die Initiative für die Werkbundausstellung aus. Vorrangiges Ziel der Organisation war es, dem Bauwesen neue Impulse zu verleihen und das «Neue Bauen» zu fördern. Die Vertreter dieser Richtung gingen von einer neuen ästhetischen, funktionalen und konstruktiven Auffassung der Architektur aus, die als wichtiges Instrument für eine gesellschaftliche Umstrukturierung betrachtet wurde.

Adolf Rading, Architekturprofessor an der Breslauer Kunstakademie und Mit-Initiator der Werkbundausstellung, schrieb 1928 in den «Schlesischen Monatsheften»: «Es muß einmal ganz deutlich ausgesprochen werden, daß Breslau die Stadt der Bildungs- und Kunstphilister ist [...]. In dieser Atmosphäre können Künstler sich nicht wohlfühlen [...]. Es ist hier wie anderswo auch, das Übel ist nur zu kurieren aus einer vollkommenen Umstellung der bürgerlichen Geistigkeit. Ich bin durchaus kein Pessimist, aber nicht Optimist genug, um an solche Möglichkeit in absehbarer Zeit zu glauben.»[6]

Adolf Rading und Hans Scharoun sahen in Breslau keine Möglichkeit, ihre architektonischen Vorstellungen zu verwirklichen und betrieben deshalb seit 1926 ein gemeinsames Architekturbüro in Berlin. Die Ausstellung sollte sowohl Interesse an den grundsätzlichen Anliegen moderner Architektur wecken als auch größere Offenheit der Baubehörden gegenüber neuen Baumethoden bewirken, um die Abwanderung kreativer Künstler zu verhindern und die Situation vor Ort zu verbessern. Lauterbach, Rading und Scharoun bildeten den Kern der Ausstellungs-Organisatoren, unterstützt von Oskar Moll, dem Direktor der Breslauer Akademie für Kunst und Kunstgewerbe.

Der Ursprungsidee zufolge sollten, wie in Stuttgart, internationale Vertreter der Avantgarde eingeladen werden, um der Ausstellung mehr Gewicht zu verleihen, sie zu einer Manifestation des «Neuen Bauens» zu machen. Die inhaltliche Nähe zur Stuttgarter Werkbundausstellung, die sich im Laufe der Planungen ergab und sich in der Thematisierung des «Wohnens» im Rahmen einer Versuchssiedlung ausdrückte, wurde nicht als problematisch angesehen. Im Gegenteil: Dieses Thema war auch und gerade für Breslau von besonderer Bedeutung. Hinzu kam, daß die Architekten davon ausgingen, daß die Stuttgarter Bauten bestenfalls aus Bauzeitschriften bekannt seien. Sie versprachen sich vom Aufgreifen der hier im Osten weitgehend unbekannten architektonischen Positionen größte Resonanz und Wirkung.

Die Stadt zeigte sich dem Projekt gegenüber aufgeschlossen, wobei wirtschaftliche Erwägungen im Vordergrund standen. Insbesondere kam es ihr darauf an, durch die Erprobung und Entwicklung neuer Wohnungstypen und Baumaterialien das städtische Bau- und Siedlungswesen zu fördern. Diese wirtschaftliche Instrumentalisierung der Ausstellung widersprach natürlich dem künstlerischen Anliegen der Initiatoren, zumal ihr Ausgangspunkt eine Kritik an der städtischen Kulturpolitik beinhaltete. Lauterbach schilderte die Auseinandersetzungen rückblickend wie folgt: «Von den Fachleuten der Stadtverwaltung war Stadtbaurat Althoff für uns, Stadtbaudirektor Behrendt gegen uns. Ohne Althoff wäre die Ausstellung nicht zustande gekommen. Behrendt war gegen das neue Bauen; dazu kam wohl persönliche Animosität. Ich erinnere mich an sehr unerfreuliche Auftritte mit ihm.»[7]

Fritz Behrendt schaltete den Architekten Hans Poelzig[8] zur Vermittlung ein. Von ihm kam der Kompromißvorschlag, die Stadt stärker am Konzept und an der Gestaltung der Versuchssiedlung zu beteiligen. Da die Errichtung und Finanzierung der Ausstellungsbauten von der Städtischen Siedlungsgesellschaft Breslau AG übernommen wurde, sollten deren «Hausarchitekten» Theo Effenberger sowie Paul Heim & Albert Kempter maßgeblich am Bau der Siedlung beteiligt werden; auch sollten nun ausschließlich Breslauer Architekten eingeladen werden. Adolf Rading, Paul Heim und Theo Effenberger wurden als sogenannter «Dreierausschuß» mit der Planung der Siedlung betraut. Die Auswahl der Architekten trafen sie im Einvernehmen mit der Stadt.

Siedlungsstruktur und Bauaufgaben

Die Versuchssiedlung war, bedingt durch den Geländezuschnitt und den Straßenverlauf, in zwei themati-

departure had been criticism of the municipal policies with regard to education and culture. In retrospect, Lauterbach described the conflict as follows:

«Of the experts in the municipality, Mr. Althoff, Councillor for Building and Housing, was for us; Mr. Behrendt, Director for Building and Housing, was against us. Without Althoff, the exhibition would not have come off. Behrendt was against the 'new architecture', his opposition probably strengthened by personal animosity. I remember some very disagreeable encounters with him.»[7]

Fritz Behrendt called Hans Poelzig[8] to mediate, who then suggested, as a compromise, to give the municipality more opportunities to participate in developing the concept and design of the Model Housing Estate. The Städtische Siedlungsgesellschaft Breslau AG (building society) took on the construction and the financing of the exhibition buildings and wanted their «architects in residence», Theo Effenberger and Paul Heim & Albert Kempter, to play a prominent part in the Estate development. And only architects from Breslau were to be invited to submit designs. Adolf Rading, Paul Heim and Theo Effenberger – as a so-called «tripartite committee» – were commissioned to plan the Estate. The three of them selected the architects, by agreement with the municipality.

Estate lay-out and building tasks

Due to the shape of the site and the course of existing streets, the housing development was divided into two groups of typologies. Its southern area was reserved for the building of small flats and terraced houses, its northern part for single-family houses, and the apartment block for singles respectively. This also meant a valuation of the various site areas, since the preferred northern plot near the park was reserved for individual residences. The larger blocks of flats, except for the singles' residence, were aligned along the main road at the entrance to the Estate and protected it from street noise.

In contrast to the fully detached single-family houses, the blocks of flats and terraced houses were subjected to stricter rules, as they were destined to serve the development and study of economically viable standard apartment blocks and ground plans that could be applicable to future housing developments. Every architect and institution involved in housing projects focussed attention on this field where multiple possibilities had already been tried and tested. So, in the Breslau Estate, attention was mainly directed towards details of ground plan dimensioning and of the con-

struction method – excepting the buildings designed by Adolf Rading and Hans Scharoun who set different priorities for these. Solutions were conceived as contributions to the architectural debate and therefore mainly geared to a professional public.

With their Laubenganghaus – access balcony block (house 1) –, the architects Heim & Kempter intended to test whether this building type that was new to Silesia would be suitable for local housing developments. It offered great advantages: cross-ventilation, arrangement of spaces according to lighting conditions, and a reduction in access spaces, since one stairwell provides access to 18 flats. The access balcony block, of all the buildings in the Estate, generally got best marks. Ernst May, for example, praised the «simple, natural design» of the building and took it to indicate «the fact that the new building and housing is stepping out of the experimental stage and becoming an obvious constituent part of our contemporary building».[9] Conservative critics, however, rejected the concept of access to flats via balconies, seeing in it a source of possible «domestic wars».

With his eight families' house (houses 3–6) Gustav Wolf propagated a different concept: he modelled it on Dutch buildings and fitted each apartment with its own separate ground-floor entrance. Upper storey flats therefore needed their own access staircases. According to Wolf, this was meant to combine the comfort of one-level living with the economy of a two-storey building.[10] One disadvantage of his design was the North-South-orientation of the apartments; however, this resulted from the position of the plot allocated to Wolf. In view of the surrounding buildings, Gustav Wolf, disregarding his own convictions, had opted for a flat roof.[11] The building's barracks-like matter-of-factness seems to show the architect's reservations towards this type of building, possibly also towards the neighbouring houses. The alleged «economic efficiency» of this building type, that has to be doubted in view of the fact that the staircases required more material, meaning higher costs, was probably less important to Wolf than putting up a demarcation against the «community spirit» connected with the apartment block building type in conservative minds. Due to the inner stance it represented, this building was conceived, by some critics, to be narrow and petit bourgeois: «Somehow, one cannot breathe properly in it – figuratively speaking, of course.»[12]

Situated behind these two buildings, away from the street and amidst planted areas, is the two-storey

sche Gruppen aufgegliedert. Der südliche Teil war dem Bau von Kleinwohnungen und Reihenhäusern gewidmet, der nördliche den Einfamilienhäusern bzw. dem Ledigenwohnheim. Damit zeichnete sich auch eine Wertung der Bauaufgaben ab, da das bevorzugte parknahe Gelände im Norden individualistischen Wohnformen vorbehalten war. Die größeren Mehrfamilienhäuser, außer dem Ledigenwohnheim, stehen entlang der Hauptstraße am Eingang der Siedlung und schirmen diese gegen den Straßenlärm ab.

Im Gegensatz zu den freistehenden Einfamilienhäusern unterlagen die Mehrfamilienhäuser und die Reihenhäuser strengeren Maßstäben, sollten sie doch der Entwicklung und Erprobung wirtschaftlicher Haustypen und Grundrisse dienen, die im Siedlungsbau anwendbar sein sollten. Auf diesem Gebiet, auf das sich die Aufmerksamkeit aller im Siedlungsbau tätigen Architekten und Institutionen konzentrierte, war vieles bereits erprobt und erforscht. Das Augenmerk richtete sich deshalb bei diesen Bauten – mit Ausnahme der Häuser von Adolf Rading und Hans Scharoun, bei denen andere Aspekte im Vordergrund standen – auf Detailfragen in der Grundrißorganisation und der Bauweise. Sie waren im engeren Sinne als Diskussionsbeiträge gemeint und richteten sich vor allem an das Fachpublikum.

Mit ihrem Laubenganghaus (Haus 1) wollten die Architekten Heim & Kempter prüfen, ob dieser für Schlesien neue Haustyp für den lokalen Siedlungsbau nutzbar sei. Seine Vorteile liegen in der Möglichkeit, die Wohnungen quer zu belüften und eine optimale Anordnung der Wohnräume nach den Lichtverhältnissen vorzunehmen, sowie in der Reduktion der Verkehrsflächen, da ein Treppenhaus alle 18 Wohnungen erschließt. Das Laubenganghaus erhielt von allen Bauten der Siedlung insgesamt die beste Beurteilung. So lobte Ernst May die «schlichte naturhafte Ausbildung» des Baues und wertete sie als Indiz dafür, daß «der neue Wohnungsbau aus dem Stadium des Experimentierens heraustritt und selbstverständlicher Bestandteil unseres Zeitschaffens wird».[9] Konservative Kritiker lehnten die Laubengangerschließung dagegen ab, da sie darin eine Quelle häuslichen Unfriedens sahen.

Gustav Wolf verfolgte in seinem Achtfamilienhaus (Häuser 3–6) ein entgegengesetztes Konzept: Nach holländischem Vorbild stattete er jede Wohnung mit einem separaten ebenerdigen Eingang aus. Die Wohnungen im Obergeschoß bedurften daher eigener innenliegender Treppen. Nach Wolfs Aussagen sollte damit die Bequemlichkeit des eingeschossigen Wohnens mit der Sparsamkeit der zweigeschossigen Bauweise verbunden werden.[10] Ein Nachteil seines Hauses war die Nord-Süd-Ausrichtung der Wohnungen, die sich allerdings aus der Lage des ihm zugewiesenen Grundstückes ergab. Gustav Wolf hatte sich hier mit Rücksicht auf die umgebenden Bauten entgegen eigener Überzeugung zur Verwendung eines «Plattdaches»[11] entschlossen. Die kasernenhafte Nüchternheit des Baues scheint auf seine Vorbehalte gegenüber der Bauform, vielleicht auch gegenüber seinen Nachbarbauten hinzudeuten. Weniger als die vermeintliche «Wirtschaftlichkeit» dieses Haustyps, die vor dem Hintergrund der erhöhten Aufwendungen für Treppenanlagen angezweifelt werden muß, scheint für Wolf die Abgrenzung gegen den «Gemeinschafts-Gedanken» entscheidend gewesen zu sein, der von konservativer Seite mit dem Mehrfamilienhaus-Typ in Verbindung gebracht wurde. Wegen der geistigen Haltung, die es verkörperte, wurde dieses Haus von einigen Kritikern als beengend und kleinbürgerlich beschrieben: «Man bekommt irgendwie keine Luft darin, bildlich gesprochen natürlich».[12]

Hinter diesen beiden Häusern liegt, abseits der Straße im Grünen, der eingeschossige in Holzfertigbauweise errichtete Kindergarten von Paul Heim & Albert Kempter (Haus 2), der diesem Siedlungsabschnitt für kinderreiche Familien zugeordnet war. Der Bau, eine Verkörperung der Forderung nach «Licht, Luft und Sonne», orientierte sich an den räumlichen Erfordernissen der modernen Reformerziehung. Nach der Ausstellung wurde hier eine Waldorfschule eingerichtet. Die Kinderfreundlichkeit war ein Merkmal der Ausstellung, das allgemein großes Lob fand. Auch an anderen Stellen, etwa in einigen Einfamilienhäusern, stand das Kind im Mittelpunkt des Interesses. Im sogenannten «Kinderbezirk» auf dem Messegelände hatte der Breslauer Architekt Richard Konwiarz ein Kindererholungsheim gebaut, das für lungenkranke Kinder aus den Breslauer Mietskasernen bestimmt war.

Zu den bemerkenswertesten Bauten der Versuchssiedlung gehört das Kollektivhaus von Adolf Rading (Haus 7), das innerhalb der Werkbundsiedlung eine extreme Gegenposition zu den Bauten Gustav Wolfs markiert. Zusammen mit dem Ledigenwohnheim von Hans Scharoun war hier das Thema «Kollektives Wohnen» erstmalig im Rahmen einer Architekturausstellung realisiert worden und konnte damit einer breiten Öffentlichkeit zur Diskussion gestellt werden.

Kindergarten, a pre-fab timber structure, by Paul Heim & Albert Kempter (house 2), specially allocated to this part of the Estate reserved for large families. The design of the building – the demand for «light, air and sun» translated into structure – was based on the spaces needed in modern reformatory education. After the close of the exhibition, a Waldorf School was installed in it. Typical for the exhibition buildings was its «congeniality» to children which was widely appreciated. Like in other parts of the exhibition, e.g. in some single-family residences, the child was the focus of architectural attention. The Breslau architect Richard Konwiarz had built a rest cure home for children in the so-called «children's district» of the trade fair complex, destined to care for children with lung diseases from the densely built-up and populated areas of Breslau.

One of the most remarkable buildings of the Model Housing Project was the Kollektivhaus (communal residence) by Adolf Rading (house 7) that marked a diametrically opposed stance to the buildings by Gustav Wolf. This piece of architecture, together with the singles' residence by Hans Scharoun, for the first time translated the theme of «communal living» into reality in the framework of an architectural exhibition, thus putting it up for discussion by a large public.

The buildings by Rading and Scharoun were the focus of attention from contemporary critics who mostly opposed them; some, however, hailed them as models for future styles of living. In the work of both architects, the buildings stand out as extraordinary. Both have to be seen in the context of the architects' intensive study of the issue of communal living. [13]

Due to building regulations, the originally planned six storeys of the Kollektivhaus had to be reduced to four[14], which meant that its proportions were strongly impaired: two separate blocks of apartments rise above a massive plinth, containing shops and other spaces. The uppermost storey had eight artists' studios, the remaining floor space was taken up by roof terraces. The curved wall elements had a sculptural appearance and served to divide the roof terrace into areas for different functions.

For his «communal residence», Rading had envisaged a comprehensive «operative organisation», as put down in his explanatory project notes. Jobs like childcare, laundry and operating the lift were to be taken on by caretakers. Each storey had eight apartments of equal size, about 57 square metres floor area, four on each side of a wide central corridor. By arranging the apartments in two blocks of four each, Rading

managed to provide daylight from two sides for each flat. On the first floor, and at both ends of the central corridors, were two-storey communal spaces, fully glazed towards the hallways. Rading was rebuked for having wasted precious living space here, and people said the rooms were unfit for use, because of their small dimensions and lack of ventilation.

Each of the twenty-four apartments was designed with a different floor plan; Rading took the chance to freely organize the spaces by putting the qualities of reinforced concrete frame construction to full effect.[15] The living-rooms lay in the middle of each flat, in most cases providing access to all other spaces. Rading wanted to replace the standard system of closed-off rooms with a spatial continuum, and he therefore was even prepared, in individual cases, to accept problematic solutions. He was attacked mainly for having placed children's bedrooms in the flat interiors, only making provision for their aeration and daylighting by not having walls reach the ceilings, but leaving a one-metre-wide slot at the top. Already in 1927, Le Corbusier had demonstrated a similar solution in one of his projects (house 13) for the Weissenhofsiedlung. While Le Corbusier managed to achieve an elegant, avant-garde effect, due to the luxurious character of his single-family residence, the same could not be achieved in the confines of a small apartment without hampering family life to a massive degree.

The Kollektivhaus in Breslau, in many respects, constitutes a direct translation of Rading's architectural concept into structure. Individual details, like the arrangement of the windows, are only intelligible in the context of his theoretical writings:

Richard Konwiarz, Kindererholungsheim
Richard Konwiarz, children's rest cure home

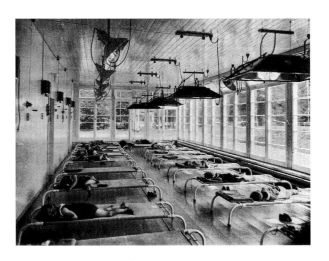

Die Bauten von Rading und Scharoun fanden in der damaligen Kritik die stärkste Beachtung. Sie wurden von der Mehrheit der Kritiker abgelehnt, in einigen Fällen jedoch auch als Wohnmodelle der Zukunft begrüßt. Im Werk der Architekten nehmen sie jeweils eine herausragende Stellung ein. Sie stehen beide im Zusammenhang einer intensiven Beschäftigung mit dem Problem des gemeinschaftlichen Wohnens.[13]

Das ursprünglich sechsgeschossig geplante Kollektivhaus durfte aufgrund baupolizeilicher Verfügung nur viergeschossig ausgeführt werden[14], wodurch es in seinen Proportionen stark beeinträchtigt wurde: Über einem massiv ausgebildeten Sockelgeschoß, das auch Läden enthielt, erheben sich die in zwei Blöcke auseinandergezogenen Wohngeschosse. Das oberste enthielt acht Künstlerateliers, die übrige Fläche war als Dachterrasse ausgebildet. Die gebogenen, plastisch wirkenden Wandelemente dienten dazu, die Dachterrasse in verschiedene Nutzungszonen zu gliedern.

Rading hatte für sein Gemeinschaftshaus, wie aus seinem Erläuterungsbericht hervorgeht, eine umfassende «Hausbetriebs-Organisation» vorgesehen. Aufgaben wie Kinderbetreuung und Wäscherei sollten, wie auch der Betrieb des Aufzuges, vom Hauspersonal übernommen werden. Auf jeder Etage lagen an einem breiten Mittelgang acht gleichgroße Wohnungen von etwa 57 qm Wohnfläche. Durch das Aufteilen der Wohnungen in zwei Viererblöcke erreichte Rading, daß alle Wohnungen von zwei Seiten Licht erhielten. Im ersten Geschoß befanden sich an beiden Enden des Ganges zweigeschossige Gemeinschaftsräume, die zum Gang hin vollständig verglast waren. Rading wurde der Vorwurf gemacht, daß er hier wertvollen Wohnraum verschenke, die Räume seien zudem wegen ihrer kleinen Abmessungen und Unbelüftbarkeit schlecht zu nutzen.

Jede der 24 Wohnungen erhielt in den Entwürfen einen anderen Grundriß, womit Rading die Möglichkeiten der Stahlskelettkonstruktion zur freien Raumaufteilung optimal ausschöpfte.[15] Im Zentrum jeder Wohnung lag das Wohnzimmer, von dem aus man in den meisten Fällen Zugang zu allen übrigen Räumen hatte. Rading wollte das übliche System abgeschlossener Räume durch ein Raumkontinuum ablösen und nahm deswegen im Einzelfall sogar problematische Lösungen in Kauf. Angegriffen wurde er vor allem wegen seiner innenliegenden Kinder-Schlafräume, deren Licht- und Luftversorgung er lediglich dadurch gewährleistete, daß er die Wände nicht bis an die Decke führte, sondern einen etwa 1m breiten Luftspalt ließ. Ähnliches hatte Le Corbusier schon 1927

im Haus 13 der Weißenhofsiedlung vorgeführt. Was bei Le Corbusier wegen des luxuriösen Charakters seines Einfamilienhauses neuartig und elegant wirkte, konnte in der Beengtheit der Etagenwohnung nicht funktionieren, ohne das Familienleben massiv zu beeinflussen.

Das Breslauer Kollektivhaus ist in vielerlei Hinsicht eine direkte Umsetzung von Radings Architekturauffassung. Einzelne bauliche Details wie die Lage der Fenster sind nur vor dem Hintergrund seiner theoretischen Ausführungen zu verstehen: «Jede Wohnung erhält grundsätzlich Fenster, die den Blick auf den Erdboden freigeben, dagegen den auf den Himmel abschneiden und solche, die umgekehrt den Himmel sehen lassen, dagegen den Erdboden nicht. Der eigentümlichen Spannung dieser Fensterform in der Hausansicht entspricht die psychologische Spannung im Bewohnen, indem durch die bewußte Einbeziehung von Himmel und Erde in seine Wohnung das Gefühl einer seiner Wohnung verbundenen Weite lebendig wird.»[16]

Rading lehnte es ab, die Wirtschaftlichkeit eines Baues ausschließlich anhand meßbarer Daten und Zahlen zu bewerten. Durch die Umsetzung psychologischer Kenntnisse sei der Architekt in der Lage, das Wohlbefinden der Bewohner zu steigern und deren Resignation in Aktivität umzuwandeln – ein Wirtschaftsfaktor, der seiner Meinung nach aufwendigere und damit kostspieligere Architektur rechtfertige[17]. Mit dieser Vorstellung distanzierte er sich von den Rationalisierungsbestrebungen, die den Massenwohnungsbau der zwanziger Jahre getragen haben, und damit gleichzeitig von Auffassungen, die Architektenkollegen wie Ernst May oder Walter Gropius vertraten.

Die große Fläche, die der gemeinschaftlichen Nutzung zukam – zulasten der einzelnen Wohnung –, sollte die Grenze zwischen Innen und Außen, Privatheit und Öffentlichkeit verschmelzen lassen und eine Veränderung der in dem Haus lebenden Menschen bewirken, ein Gedanke, der auch in Radings theoretischen Schriften eine zentrale Stellung einnimmt.[18]

Die auf der Breslauer Ausstellung realisierte Version eines Kollektivhauses konnte für Rading «notwendigerweise nur Modellstück sein, einmalig in eine ihm fremde Umgebung gestellt».[19] In ergänzenden Zeichnungen veranschaulichte er, wie er sich die städtebauliche Umsetzung seiner Idee einer kollektiven Gesellschaft vorstellte: Zehngeschossige Hochhäuser des «WUWA-Typs» sollten – als Solitäre oder zu Viergruppen formiert – von großzügigen Grünflächen umgeben entlang paralleler Verkehrsstraßen angeordnet werden. Radings Forderung, die einzelne Woh-

«Each apartment, on principle, is fitted with some windows that grant a view of the ground and cut off the view of the sky, and some windows that offer sky, but not ground vistas. The singular tension inherent in the appearance of this window-shape in the façade has its counterpart in the psychological tension of living [in this house] in that the conscious inclusion of sky and earth into one's living space will awaken the feeling that one's residence is related to vastness, to immensity.»[16]

Rading refused to judge the economic efficiency of a building merely by means of measurable parameters and figures. He felt that, by applying psychological knowledge, the architect was able to increase the well-being of occupants and to turn their resignation into activity – for him, this was an economic factor which justified a more complicated, and thus more expensive architecture.[17] By taking this stance, he distanced himself from the efforts at rationalization responsible for the mass housing developments of the 20s, and at the same time from the concepts of fellow architects like Ernst May or Walter Gropius.

The large floor space reserved for communal uses – at the detriment of each individual flat – was to dissolve the borderlines between internal and external space, between private and public sphere and to bring about a change in the people living in the house, a thought that is also central to Rading's theoretical writings.[18]

The built version of a Kollektivhaus for the Breslau exhibition, to Rading, could only «necessarily be a model piece, placed once only into an alien environment».[19] Rading did additional drawings to demonstrate his ideas on how the concept of a communal society could be materialized by means of urban planning. Ten-storey high-rise buildings of the «WUWA type» – free-standing or in clusters of four – were to be placed along parallel access routes and surrounded by spacious landscaped areas. Rading's postulation that each individual dwelling is to be connected to the outside world, finds its continuation in his proposals for the re-organization of future cities:

«It is necessary to relieve these cities, simply following a concept of living that no longer tries to perceive the apartment as something closed-off towards the exterior, turned inward. This relief is the natural consequence of living spaces opening up, reaching out, being in touch with nature.»[20]

One has to add here that Rading was the focus of criticism during and following the exhibition, a criticism also directed against the entire organizing committee. After the close of the exhibition, the dispute widened into the so-called «Prominentenkrise» (VIP crisis) causing Heinrich Lauterbach, Adolf Rading and Hans Scharoun finally to withdraw from the Silesian section of the Deutscher Werkbund. The opponents of the exhibition found their main mouthpiece in the conservative Schlesische Zeitung. They did not only attack the «academic clique» and its supposedly arrogant attitude towards the other architects involved, but especially the architecture of this «clique», allegedly defying every economic requirement and the traditional local architectural style.

Emil Lange took quite a different position from Adolf Rading with his Vierspänner («foursome», house number 9). He was not concerned with a new concept of living, but with the strictest economy of building and groundplans. His house consists of two interposing cubes, two and three storeys high, linked by a common staircase. The lower one adjoins the row of terraced houses. Due to the interposition of the building volumes, Lange managed to save one staircase in each house and to provide each flat with daylighting from two sides, the larger ones even being cross-ventilated. In addition, Lange's building contributed to answering the question, whether the lived-in kitchen – a combination of living-room and kitchen – is better suited to small apartments than the kitchen that is separate from the drawing-room. However, this residential building has to be criticized for its formal-aesthetic deficiencies: for example the awkward window arrangement, most apparent at the joining of the two building volumes, and probably due to Lange's inexperience at the time.

Adolf Rading, Bebauungsschema für den Wohntyp «Werkbundsiedlung Breslau 1929» (1928)
Adolf Rading, development plan for the type of house «Werkbundsiedlung Breslau 1929» (1928)

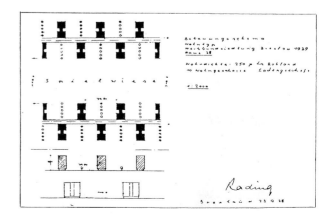

nung mit der Außenwelt in Beziehung zu setzen, findet sich in seinen Vorschlägen zur Neugliederung zukünftiger Städte fortgeführt: «Es ist nötig, diese Städte aufzulockern, einfach als Folge einer Wohnauffassung, die nicht mehr versucht, die Wohnung als nach außen Abgeschlossenes, nach innen Gerichtetes zu sehen. Es ist diese Auflockerung eine natürliche Folge der Ausstrahlung der Wohnung nach außen, des Inbeziehungssetzens zur Natur.» [20]

Zu ergänzen ist, daß Rading während und nach der Ausstellung im Mittelpunkt der Kritik stand, die sich gegen den gesamten Organisatorenkreis richtete. Der Streit weitete sich nach der Ausstellung zur sogenannten «Prominentenkrise» aus und hatte den Austritt von Heinrich Lauterbach, Adolf Rading und Hans Scharoun aus der schlesischen Sektion des Deutschen Werkbundes zur Folge. Die Gegner der Ausstellung, die vor allem in der konservativen «Schlesischen Zeitung» ihr Sprachrohr fanden, richteten sich nicht allein gegen die «Akademie-Clique» und deren vermeintlich arrogantes Verhalten gegenüber den anderen beteiligten Architekten, sondern vor allem auch gegen deren Architektur, die angeblich allen wirtschaftlichen Überlegungen und der ortsüblichen Bauweise trotzte.

Eine Gegenposition zu Radings Kollektivhaus formulierte Emil Lange mit seinem Vierspännermietshaus (Haus 9), bei dem es nicht um eine neue Auffassung des Wohnens ging, sondern um strengste Wirtschaftlichkeit in der Bauweise und Anordnung der Grundrisse. Sein Bau besteht aus einem zwei- und einem dreigeschossigen Kubus, die durch ein gemeinsames

---

Heinrich Lauterbach, Haus 15, Innenansicht
Heinrich Lauterbach, house 15, interior view

Treppenhaus miteinander verbunden sind. Der niedrigere der beiden schließt direkt an die Reihenhauszeile an. Durch die versetzte Anordnung der Baukörper konnte Lange ein Treppenhaus einsparen und gleichzeitig jeder Wohnung von mehreren Seiten Tageslicht zuführen. Sein Bau lieferte auch einen Beitrag zu der Frage, ob sich die Wohnküche, in der die Koch- und Wohnfunktionen räumlich zusammengefaßt sind, oder die vom Wohnraum getrennte Kleinküche besser für den Kleinwohnungsbau eigne. Lange stellte beide Varianten einander gegenüber. Dem Wohnhaus sind jedoch formalästhetische Mängel zu bescheinigen – zum Beispiel die ungeschickte Fensteranordnung an der Nahtstelle der beiden Baukörper –, die möglicherweise auf Langes damals noch geringe Bauerfahrung zurückzuführen sind.

Einen Schwerpunkt dieses südlichen Teils der Siedlung bildet die Reihenhauszeile der Architekten Moshamer, Lauterbach, Hadda und Häusler (Häuser 10–20), die an das Mehrfamilienhaus von Lange anschließt. Als Musterlösungen ein und derselben Bauaufgabe bieten die Häuser eine gute Vergleichsmöglichkeit unterschiedlicher Grundrißdispositionen. Während Ludwig Moshamer (Häuser 10–12) und Paul Häusler (Häuser 18–20) ihre Grund- und Aufrisse nicht, oder nur geringfügig variierten und von der «Normalfamilie» (mit zwei Kindern) ausgingen, führten Heinrich Lauterbach (Häuser 13–15) und Moritz Hadda (Häuser 16–17), ausgehend von Bewohnern mit individuellen, veränderlichen Bedürfnissen, mehrere Variationsmöglichkeiten vor, denen sie Benutzergruppen zuwiesen. Lauterbach entwarf – bei einheitlicher Fassadengestaltung – drei verschiedene Haustypen: Haus 13 war für eine vierköpfige Familie mit getrennten Elternschlafräumen, Haus 14 für eine dreiköpfige Familie und Haus 15 für ein kinderloses Ehepaar gedacht. Hadda demonstriert die soziale Variabilität der Bauaufgabe Reihenhaus in ihren Extremen, indem er dem Haus für ein kinderloses Ehepaar mit Dienstmädchen (Haus 16) ein Haus für eine Familie mit drei Kindern (Haus 17) gegenüberstellt.

Eine Schlüsselrolle bei allen Reihenhäusern nimmt die Frage der Erschließung der Räume ein, die mit der Lage der Treppe innerhalb der Wohnung verbunden ist. Für dieses Problem gab es mehrere interessante Lösungsansätze.

Die hier gezeigten Reihenhäuser bildeten durchwegs keine geeigneten Beiträge zur Lösung der Wohnungsnot. Im Gegenteil: Die meisten Häuser boten den räumlichen Luxus eines Arbeitszimmers und waren, wenn auch nicht immer explizit, als Wohnformen

One focal point in the southern area of the housing estate was the row of terraced houses by the architects Moshamer, Lauterbach, Hadda and Häusler (houses 10–20), adjacent to the apartment block by Lange. They represented model designs of one and the same building task, offering the chance of comparing various floor plans. While Ludwig Moshamer (houses 10–12) and Paul Häusler (houses 18–20) made only slight changes in floor plans and elevations, if any, and designed the apartments for the «standard» family (with two children), Heinrich Lauterbach (houses 13–15) and Moritz Hadda (houses 16–17) projected several floor plan versions for defined groups of inhabitants with individual, changing needs. Lauterbach designed three different types of houses with unified façades: house 13 for a family of four with separate bedrooms for mother and father; house 14 for a family of three, and house 15 for a childless couple. Hadda demonstrated the social variability of the building task «terraced houses» in its extremes by juxtaposing a house for a childless couple with a housemaid (house 16), to a residence for a family with three children (house 17).

A key problem for all terraced houses was that of access of spaces in connection with an internal staircase. Several interesting solutions were offered to this problem.

None of the terraced houses shown here were suitable to help eliminate housing shortages. On the contrary: most of these buildings offered the luxury of a home office space and were thus designed, if not always explicitly, for the «brainworker».[21] Therefore, the terraced houses did not conform with the rules of economic efficiency, demanded by the Reichsforschungsgesellschaft (research society) for economic efficiency in building (Rfg.).[22] In spite of that, they demonstrated interesting achievements of homemaking (technologically speaking) and aesthetic quality – mainly of Heinrich Lauterbach's houses – making a significant contribution to modern floor plan design.

The single-family residences by Theo Effenberger (houses 21 and 22) stood at the end of the row of terraced houses. Though, as prototypes, unsuited to offer solutions for mass housing, these buildings are of interest in view of their spatial disposition: house 21 – a spacious two-storey single-family residence with a one-storey studio extension – and house 22 – a private residence with an upper floor that had the disadvantage of having neither a garden terrace nor a balcony. Theo Effenberger's houses 23 and 25, facing

each other, which were to adjoin his own private residence, completed in 1926, were never built.

In the North of the trade fair area only larger single-family houses were built – except for the singles' apartment block. The four separate houses by Emil Lange (house 28), Heinrich Lauterbach (house 35), Moritz Hadda (house 36) and Ludwig Moshamer (house 37), as well as the six semi-detached houses by Theo Effenberger (house 26/27), Paul Häusler (house 29/30) and Gustav Wolf (house 32/33) were freely distributed in this area that had been divided into small plots. A project by Lauterbach (house 34) was never built, though plans had been completed for the execution of work.[23]

The predominance of representative private residences in the model housing development was a result of the organizers' wish to address large numbers of different visitors and to make an economic success of the exhibition. In view of the general national necessity to erect low-cost housing, critics of the exhibition saw this as a negative point. On the other hand, the single-family house was especially suited to convey the ideas of the «new architecture». Also in this respect, the residences designed by Theo Effenberger, Moritz Hadda and Heinrich Lauterbach are particularly outstanding artistic achievements. The architects grappled with the question of how social changes – as reflected, for example, in gender relations or in the role of children in society – could be translated into architectural structures. The semi-detached single-family residences by Gustav Wolf resulted from quite a different approach. In designing them, Wolf was committed to a neo-Biedermeier

Theo Effenberger, Entwurf für drei Einfamilienhäuser (1928), später Haus 26/27
Theo Effenberger, design of three single-family residences (1928), later house 26/27

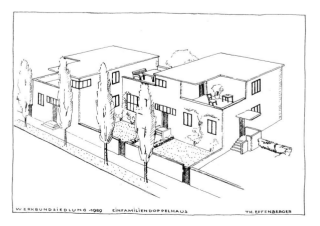

für den «Geistesarbeiter» gekennzeichnet.[21] Die Reihenhäuser entsprachen somit nicht den Richtlinien der Wirtschaftlichkeit, die von der «Reichsforschungsgesellschaft für Wirtschaftlichkeit im Bau- und Wohnungswesen» (Rfg.)[22] gefordert wurden. Trotzdem waren hier wohntechnisch interessante und ästhetisch qualitätvolle Leistungen zu sehen – vor allem die Reihenhäuser von Heinrich Lauterbach – die wichtige Beiträge zur Frage der modernen Grundrißorganisation lieferten.

Den Abschluß der Reihenhauszeile bilden die Einfamilienhäuser von Theo Effenberger (Haus 21/22). Hierbei handelt es sich um zwei wenn auch als Prototypen für den Massenwohnungsbau ungeeignete, so doch von ihror räumlichen Disposition her interessante Wohnhäuser: Haus 21, ein großzügig angelegtes zweigeschossiges Einfamilienhaus mit eingeschossigem Atelier-Anbau, und Haus 22, ein eingeschossiges Einfamilienhaus, das allerdings den Nachteil hatte, weder über eine Terrasse noch einen Balkon zu verfügen. Die gegenüberliegenden Wohnhäuser von Effenberger (Häuser 23–25), die an sein eigenes, 1926 gebautes Wohnhaus anschließen sollten, wurden nicht ausgeführt.

Im nördlichen Teil der Siedlung entstanden – mit Ausnahme des Ledigenwohnheims – ausschließlich größere Einfamilienhäuser. Die vier freistehenden Häuser von Emil Lange (Haus 28), Heinrich Lauterbach (Haus 35), Moritz Hadda (Haus 36) und Ludwig Moshamer (Haus 37) und die drei Doppelhäuser von Theo Effenberger (Haus 26/27), Paul Häusler (Haus 29/30) und Gustav Wolf (Haus 32/33) sind auf dem kleinteilig parzellierten Gelände in lockerer Weise angeordnet. Ein Gebäude von Lauterbach (Haus 34) wurde, obwohl bis zur Baureife entwickelt, nicht realisiert.[23]

Die Dominanz repräsentativer Einfamilienhäuser in der Versuchssiedlung war primär durch den Wunsch der Veranstalter motiviert, größere Besucherkreise anzusprechen und die Ausstellung zu einem wirtschaftlichen Erfolg zu machen. Dieser Schwerpunkt wurde vor dem Hintergrund der Vordringlichkeit wirtschaftlicher Bauaufgaben von Kritikerseite negativ bewertet. Auf der anderen Seite war das Einfamilienhaus besonders geeignet, die Ideen des «Neuen Bauens» zu demonstrieren. Als besondere künstlerische Leistungen sind auch hier die Einfamilienhäuser von Theo Effenberger, Moritz Hadda und Heinrich Lauterbach zu nennen. Die Architekten beschäftigten sich mit der Frage, wie gesellschaftliche Veränderungen, die sich etwa im Verhältnis der Geschlechter oder der Rolle der Kinder widerspiegeln, in gebaute Architektur umzusetzen seien. Den Gegensatz hierzu bildete das Einfamilien-Doppelhaus von Gustav Wolf. Es war, sowohl die äußere als auch die innere Formgebung betreffend, einer neo-biedermeierlichen Auffassung verpflichtet und fand deshalb ausschließlich bei konservativen Kritikern Anklang.[24]

Exemplarisch soll hier auf das Einfamilienhaus von Heinrich Lauterbach (Haus 35) eingegangen werden, bei dem sich die Ideen des «Neuen Bauens» in idealtypischer Weise verwirklicht finden, und das sicherlich zu den ästhetisch überzeugendsten Bauten der Siedlung gehört. Die Funktionsbereiche des Alltags finden sich auf zwei rechtwinklig zueinander stehenden Flügel verteilt. Die Struktur des Inneren läßt sich an der äußeren Form des Baukörpers ablesen. Vom Eingang ausgehend liegt rechter Hand die Raumfolge von Mädchenzimmer, Wirtschaftsraum, Küche und Eßzimmer, die der Produktionsabfolge des Haushaltens entspricht. Dieser mit der Entstehung von Geräuschen und Gerüchen verbundene Teil des Hauses ist vom privaten Wohn- und Schlafbereich der Familie getrennt. Die beiden Elternschlafzimmer sind durch das Badezimmer miteinander verbunden, der breite Durchgang zur überdachten Terrasse war als «Kinderwohnzimmer» gedacht. An den Gelenkstellen dieser beiden Gebäudeflügel liegen Diele und Wohnraum. Beide sind durch große gebogene Glasflächen gekennzeichnet, die jedoch ihrer Funktion entsprechend unterschiedlich aufgefaßt sind: Zur Straße hin löst Lauterbach die Mauer in eine opake, lichtdurchlässige Glasbausteinwand auf, zum Garten hin verwendet er sprossenloses Fensterglas. Im Obergeschoß befinden sich keine weiteren Räume, sondern allein der Zugang zum Dachgarten, einem programmatischen Kennzeichen des «Neuen Bauens».

Räumlicher Abschluß und gleichzeitig Höhepunkt der Siedlung ist das Ledigenwohnheim von Hans Scharoun (Haus 31), das sich als raumgreifendstes Gebäude auf dem größten Grundstück der Siedlung erstreckt. Das Ledigenwohnheim stellte an sich keine neue Bauaufgabe dar. Die Unterbringung unverheirateter Arbeiter und Arbeiterinnen war in der Folge der Industrialisierung zu einem Großstadt-Problem geworden. Viele wohnten zur Untermiete in fremden Haushalten. Um dem «Schlafgängerwesen» Abhilfe zu schaffen, hatten sich Kirchen, Kommunen und Unternehmen der Errichtung von Ledigenwohnheimen gewidmet. Diese Häuser, die sich als Sozialeinrichtungen verstanden, das Leben der Bewohner aber oftmals durch rigide Hausordnungen reglementierten – insbesondere war in den meisten der Anlagen eine strikte

style, both in view of their outward appearance and inner organization and furnishings; therefore these houses only appealed to conservative critics.[24]

Taking a closer look at the single-family residence by Heinrich Lauterbach (house 35) as an ideal example of the concepts of modern architecture, one must say that it certainly belongs to the aesthetically most convincing designs for the Breslau model estate. The service rooms for daily activities are housed in two building wings at right angles. The exterior view of the building already discloses its internal organization. To the right of the entrance hall is the spatial sequence of maid's room, utility room, kitchen and dining room – following the sequence of the household production line. This part of the building, with its noises and smells, is separated by the familiy living spaces and bedrooms. The two master bedrooms are connected by a bathroom. The wide passage leading to the covered garden terrace was designed to be the «children's living space». Entrance hall and drawing-room make the link between the two wings. Both spaces are characterized by large curved glass walls, shaped differently, according to their functions: towards the street, Lauterbach «dissolves» the wall into light-transfusing opaque glass blocks, towards the garden, he uses transomless glazing. The upper level does not contain any more rooms, but only the passage to the roof garden, a programmatic characteristic of the «new architecture».

The Ledigenwohnheim (singles' residence) by Hans Scharoun (house 31), both three-dimensional closure and highlight of the exhibition, covers the largest area on the largest plot of the Estate. To build accommodation for singles, as such, did not represent a novel building task. In the wake of industrialisation, the building of living quarters for unmarried male and female workers had become a burden on large cities. Many of the workers lived in other people's homes as subtenants. In order to put an end to the night lodgers' system, Churches, communal authorities and business firms had been actively involved in building lodgings for unmarried workers. Life in these hostels, conceived as a social service, was strictly regimented by rigid rules for residents, including, in most cases, a strict separation of the sexes; so, by the end of the 20s, these institutions were unable to meet the need for individual forms of living.[25]

That is why Scharoun, in Breslau, attempted to redefine this building task, laying special emphasis on the relationship between architecture and the surrounding landscape: the S-shape of the building volume, with its frontal view, opens up towards the garden and to the Estate beyond it. Two main wings, one to the North for young married couples, one to the South with bachelor apartments, are linked by the one-storey entrance hall. On the ground-floor, the hall provides access to a restaurant below the wing for married couples that was originally designed to cater for residents. Large parts of the roof surface can be used as a roof garden. In contrast to the largely glazed south façade, the street side of the singles' residence appears austere and closed. Narrow window slits for the corridors, and the bedroom windows above and below these, are the only openings that lend some rhythm to the wall surface. The entrance hall forms a three-dimensional protuberance from the building alignment. The striking chimney was only added in 1930.

The critics were divided in their comments on the design. Many times, it was reproachfully said to lack in «functionality» and to be «aestheticist». Ernst May, appreciative on the one hand, disapproving on the other, remarked that some «really very talented artists [...] forgot the clear, sober economic efficiency and succumbed to the temptations of the exhibition devil».[26]

The language of forms of the singles' residence, especially the curved white external skin, the white-coated steel railings of the «sun deck» and the largely closed North façade with its hatch-like windows

Hans Scharoun, Ledigenwohnheim, Schnitt durch einen Wohnflügel
Hans Scharoun, singles' residence, section of a residential wing

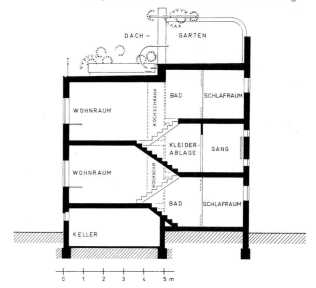

Geschlechtertrennung vorgesehen – konnten gegen Ende der zwanziger Jahre den Ansprüchen individueller Lebensgestaltung nicht mehr genügen.[25]

Scharoun versuchte deshalb in Breslau eine Neudefinition dieser Bauaufgabe. Besondere Bedeutung maß er der Verbindung von Architektur und umgebender Landschaft bei: Der S-förmig geschwungene Baukörper öffnet sich mit seiner Ansichtsseite nach Süden zum Garten und damit gleichzeitig zur Siedlung. Zwei Hauptflügel, ein nördlicher mit Wohnungen für junge Ehepaare, ein südlicher mit Junggesellen-Appartements, werden durch die eingeschossige Eingangshalle miteinander verbunden. Diese mündet ebenerdig in ein Restaurant, das unter dem Wohntrakt für Ehepaare liegt und ursprünglich der Versorgung der Hausbewohner dienen sollte. Die Dachfläche ist zu großen Teilen als Dachgarten nutzbar. Im Gegensatz zur durchglasten Südseite wirkt die Straßenseite des Ledigenwohnheims streng und verschlossen. Nur die schmalen Fensterschlitze der Korridore und die darüber- bzw. darunterliegenden Schlafzimmerfenster rhythmisieren die Wandfläche. Der Eingangsbereich tritt plastisch aus der Bauflucht hervor. Der markante Schornstein wurde erst 1930 hinzugefügt.

Die Kritik beurteilte die Gestaltung dieses Hauses sehr unterschiedlich. Vielfach ist gegen diesen Bau auch der Vorwurf der «Unsachlichkeit» und des «Ästhetizismus» vorgebracht worden. Ernst May bemerkte halb anerkennend, halb ablehnend, daß einige «an sich sehr begabte Künstler [...] die nüchterne klare Wirtschaftlichkeit [...] vergaßen und der Versuchung des Ausstellungsteufels unterlagen».[26]

Die Formensprache des Ledigenwohnheims, vor allem die geschwungene weiße Außenhaut, die weißlackierten Stahlgeländer der «Sonnendecks» und die weitgehend geschlossene, nur lukenartig durchfensterte Nordwand, erweckte, wie auch der in Karikaturen als Dampfer verunglimpfte Rading-Bau, bei den Zeitgenossen «maritime» Assoziationen. Die Entlehnung einzelner Motive aus dem Schiffsbau war unter modernen Architekten sehr verbreitet.[27] Bei Scharoun war diese Verbindung jedoch so weitreichend, daß man geneigt ist, Wurzeln dieser Affinität in seiner Bremerhavener Kindheit zu suchen.

Hans Scharoun, Vorentwurf für das Ledigenwohnheim, 1928
Hans Scharoun, preliminary draft for the singles' residence, 1928

Hans Scharoun, Ledigenwohnheim, Foyer
Hans Scharoun, singles' residence, foyer

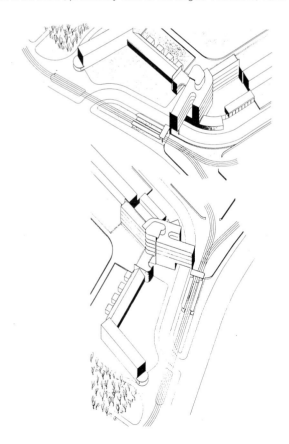

raised naval associations at the time, just like the building by Rading was disparaged as a steamer in cartoons. Borrowing certain elements from naval architecture was a favourite design element of modern architects.[27] With Scharoun, however, one is inclined to look for the roots of these elements in his childhood spent in the seaport of Bremerhaven, because there are so many naval elements in his architecture.

In the interior, Scharoun uses the available space economically in providing access to two levels via a concisely dimensioned corridor: flat entrance door follows on flat entrance door, one above, the next below corridor level. Entering a flat, one first comes into a small hall with a cloakroom and then proceeds half a floor downwards – or upwards respectively – into the south-facing living-room. Bedroom and bathroom can be reached via straight dog-leg stairs, they face north and are above – or below respectively – corridor level. Scharoun had fitted every flat with unit furniture and an in-built kitchen cupboard. These no longer exist. The slightly larger flats for childless couples each have a balcony.

This new and unusual access organization offered the advantage of small autonomous living units which could be cross-ventilated, were spatially well-arranged and made the best possible use of the prevailing light. Each resident had the choice either to cook his or her own food in the flat or to use the restaurant on the ground floor. Scharoun, with hindsight, explained his motives behind the design of this building type:

«The representational quality of the hotel hall, the street-like corridors were more important than the autonomy and independence of smallest living units in a row. This was my starting point. I wanted to create a balance of forces between the representative quality – largely external – and the more soul-feeding living value of the apartments without losing their anonymous, cosmopolitan – their ‹hotel› quality.»[28]

Scharoun had thought of the modern inhabitant of a large city as the prototype resident for his singles' apartment block. Both the need for communion with others and the need for retreating into one's private sphere after a strenuous working day were to be lived out. Notable, too, is the fact that in his design Scharoun deviated from the common separation of the sexes, which he felt to be out-dated. His intention was to shape every detail in such a way that the inhabitants of the building would feel free and uninhibited. The change in Scharoun's attitude towards the design of a residential building for unmarried people can be documented in comparing it with his design for a «Singles' hostel at the Entrance of a Housing Estate» of 1928, drawn up during an earlier planning stage to be built at the location later chosen for the Kollektivhaus (originally house number 28). Scharoun's singles' residence, whose overall volume consisted of multiple interlocking elements, by its modelling responded in a more fitting way to the location than the finally built project by Adolf Rading. The base course was aligned with the street, and one wing bridged the street to form a kind of gateway to the Estate. In his design, Scharoun concealed Gustav Wolf's building (here still with a saddleback roof) by means of a tall terrace wall enclosure. According to this plan, the singles' residence would have been part of the «social service» building in the southern corner of the Estate, which actually would have been more in line with the traditional concept of the building task, visible in the flat interiors: these were to have neither cooking facilities nor separate bathrooms; married people were not taken into consideration.

It was not possible to really fully test Scharoun's concept in the long-term. The time and place of its creation precluded the translation of his utopia into reality: Breslau was not a large city with a sufficient number of singles interested in this form of residence which, by the way, was not exactly inexpensive.

Both buildings – Rading's Kollektivhaus and Scharoun's apartment block for singles – pose the question of its models, especially since type-related buildings were erected at the same time in the United States and in the Soviet Union, though based on entirely different concepts of society. The American

Heinrich Lauterbach, Schreibtisch mit Stuhl in Haus 35
Heinrich Lauterbach, writing desk and chair in house 35

Im Inneren nutzt er den zur Verfügung stehenden Raum in ökonomischer Weise aus, indem er zwei Geschosse über einen sparsam dimensionierten Korridor erschließt: Tür an Tür reihen sich die Wohnungseingänge, wobei abwechselnd eine Wohnung oberhalb, die nächste unterhalb des Korridors liegt. Man betritt zunächst einen kleinen Flur mit Kleiderablage, von dem aus man ein halbes Geschoß nach oben oder nach unten in den nach Süden ausgerichteten Wohnraum gelangt. Schlafraum und Badezimmer sind von hier aus über eine gegenläufige Treppe zu erreichen und liegen nordwärts über- oder unterhalb des Korridors. Scharoun hatte alle Wohnungen mit Einbaumöbeln und eingebautem Küchenschrank versehen, die heute nicht mehr vorhanden sind. Die etwas größeren Wohnungen für kinderlose Ehepaare verfügten zusätzlich über einen Balkon.

Die Vorteile dieser neuen und außergewöhnlichen Erschließungsform lagen in der Gewinnung kleinster autonomer Wohneinheiten, die querbelüftbar, sinnvoll aufgeteilt und zugleich an den Lichtverhältnissen orientiert waren. Jeder Bewohner hatte die Möglichkeit, sich innerhalb seiner Wohnung selbst zu versorgen, konnte jedoch wahlweise auch das Restaurant im Erdgeschoß benutzen. Scharoun beschreibt rückblickend die Beweggründe, die ihn zu diesem Bautypus veranlaßt haben: «Die Repräsentation der Hotelhalle, die straßenähnlichen Korridore, waren wichtiger als die Selbständigkeit aneinandergereihter Kleinstwohnungen. An diesem Punkt setzte ich ein. Ich wollte einen Ausgleich in dem Kräfte-Verhältnis zwischen Repräsentativen – mehr Äußerlichen – und dem – auch seelischen – Wohnwert der Appartements, ohne daß das Anonyme, das weltoffene Wohnen – ‹wie in einem Hotel› – verlorenging.»[28]

Scharoun hatte als Bewohnergruppe seines Ledigenwohnheims den modernen «Großstadt-Menschen» vor Augen. Das Bedürfnis nach Gemeinschaft sollte ebenso ausgelebt werden können wie der Wunsch, sich nach einem anstrengenden Arbeitstag in seine Privaträume zurückzuziehen. Erwähnenswert ist auch, daß Scharoun in seinem Ledigenwohnheim von der sonst üblichen, ihm unzeitgemäß erscheinenden Trennung der Geschlechter abwich. In jeder Hinsicht war er darauf bedacht, daß die modernen Bewohner seines Hauses sich frei und uneingeschränkt fühlen durften.

Anhand seines Entwurfs für ein «Ledigenheim am Eingang einer Siedlung» von 1928 läßt sich Scharouns Einstellungswandel bezüglich dieser Bauaufgabe dokumentieren. Dieser Entwurf stammt aus einer früheren Planungsphase, in der das Ledigenheim an der Stelle des späteren Kollektivhauses (damals Haus 28) errichtet werden sollte. In seiner Formgebung, es handelt sich um einen Baukörper aus vielen ineinandergreifenden Elementen, nahm das Ledigenwohnheim an dieser Stelle auf die umgebende Situation in stärkerem Maße Bezug als Radings ausgeführter Entwurf. Das Sockelgeschoß paßte sich dem Straßenverlauf an, ein über die Straße hinweggeführter Wohnflügel bildete eine Art Toreinfahrt zur Siedlung. Den Nachbarbau von Gustav Wolf, hier noch mit Satteldach konzipiert, verdeckt Scharoun in seinem Entwurf durch eine hohen Mauer, die die Terrasse seines Wohnheims abschließt. Nach diesem Plan hätte das Ledigenwohnheim zu den sozialen Bauaufgaben des südlichen Siedlungsabschnittes gehört, was auch der eher noch traditionellen Auffassung der Bauaufgabe entsprochen hätte, die sich im Inneren ausdrückt: Die Wohneinheiten sollten weder eine Kochgelegenheit noch ein separates Bad enthalten, der Personenkreis der Verheirateten wurde nicht berücksichtigt.

Scharouns Konzeption konnte nicht wirklich erprobt werden, Entstehungsort und -zeit standen der Verwirklichung seiner Utopie entgegen: Breslau war nicht die Großstadt, in der sich genügend Interessenten für eine solche, im übrigen nicht ganz billige Wohnform gefunden hätten.

Bei beiden Bauten, dem Kollektivwohnhaus von Rading und dem Ledigenwohnheim von Scharoun, stellt sich die Frage nach den Vorbildern, zumal zeitgleich typverwandte Bauten sowohl in den USA als auch in der Sowjetunion Verwendung fanden – freilich aus grundverschiedenen Gesellschaftsvorstellungen heraus: Amerikanisches Vorbild war das «apartment house»[29], eine Art Wohnhotel mit Hauspersonal und Serviceleistungen, das für berufstätige Ehepaare gedacht war. Die kleinen komfortablen «flats», oft mit technischen Raffinessen wie Müllschlucker und Klappbetten ausgestattet, sollten auch zum dauerhaften Wohnen geeignet sein. Diese Wohnform galt in Deutschland als Inbegriff des modernen Lebens.[30]

Auf der anderen Seite standen die Entwicklungen in der Sowjetunion, deren Leistungen auf dem Gebiet der Kollektivierung des Lebens große Bedeutung für die radikalen Architekten in Deutschland hatten und aufmerksam verfolgt wurden.[31] Hier sind als wichtigste Parallele die Arbeiten der zeitgleich an dem Problem des kollektiven Wohnens arbeitenden Sektion «Typisierung» des Moskauer Baukomitees (Strojkom) zu sehen, einer Gruppe konstruktivistischer Architekten um Moisej Ginzburg.[32] Von den hier entwickelten Musterlösungen weisen einige hinsichtlich

model was the «apartment house»[29], a kind of hotel residence with domestic staff and services, designed for use by working couples. The small, comfortable flats, fitted with technical refinements like garbage shutes and collapsible beds were also designed to suit permanent living. In Germany, this kind of residence stood for the essence of modern living.[30]

On the other hand, one had the development in the Soviet Union, whose collectivizing achievements greatly influenced radical architects in Germany and were followed with intense interest.[31] Most important, in this respect, were parallels to the works of the «typology» section of the Moscow «Stroicom» Construction Committee, a group of constructivist architects around Moissey Ginzburg, who also worked on the question of collective forms of living.[32] Some of their prototype solutions offer striking resemblances, in particular as to the buildings' access patterns, to Scharoun's singles' residence, without us being able to define the one as the result of the other, and without proving that Scharoun knew the works of Ginzburg's group.

It is necessary, in this context, to mention Le Corbusier's decisive influence on architects during the 20s. As early as 1923, he had propagated a luxury version of the Kollektivhaus with his «immeubles villas»[33], and after 1947, he had created modified versions in Marseille, Nantes and Berlin: his «unités d'habitation».

Both Rading and Scharoun were gifted with a profound understanding of contemporary issues, and developments in other countries certainly cannot have happened without being noticed by them. On the artistic plane, however, they both went their own separate, often eccentric ways, intentionally deviating from mainstream functionalism.

In spite of qualitative differences and in spite of the fact that the Breslau exhibition lacked big names and did not have the international appeal of the Stuttgart Weissenhofsiedlung, Breslau's Model Housing Estate did reflect the key points of the architectural debate of those years. The emphasis on the residence types «small flat» or «very small flat» – more of a focal point in Breslau than in Stuttgart –, though mainly related to grave housing problems in Breslau, was a highly «explosive» issue and in line with the tenor of the then current architectural debate.[34] Most critics felt this turn towards the social needs of large portions of the population to be a positive development, a progression from the Stuttgart Weissenhofsiedlung, and there was a wide consensus among all institutions and architects involved in building housing estates and settlements, although there still were different opinions on how to interpret the term «economic efficiency».

The real peculiarity of the Breslau Werkbundsiedlung, however, consisted of the buildings which, above all attempts at typifying and rationalizing, were asking for possible new social utopias. This quest finds special expression in Rading's Kollektivhaus and Scharoun's singles' residence, outcomes of another debate on the community residence that gained relevance for a short while towards the end of the Weimar Republic. It is interesting to note that those actively involved in the development of publicly-assisted housing during the 20s were the ones to criticize this architecture with its «one-track-mind» rationality.[35] This crisis of architects and architecture arose with the beginning of the great worldwide depression and is symptomatic of the profound disconcertion that came with it.

In many respects, the Model Housing Estate in Breslau is typical of the era in which it was created, regarding both the disparity in achievements and the readiness of its organizers to accept political compromises. The «repercussions» of the Stuttgart Werkbundsiedlung were still being felt: even the more conservative architects, following tradition, had obviously got used to the Weissenhof modern architectural style and adapted it in their designs. As could be observed in some cases in the Breslau exhibition, this meant reducing style to a few typical external elements. The architectural avant-garde, aiming at social change, was challenged to break new ground, to formulate their objectives anew. The Breslau Model Housing Estate constituted the attempt to redefine the position of architecture in a phase of re-orientation which then ended abruptly due to subsequent historical developments. Its ideas continued to have their impact, though under more difficult circumstances, its traces are still waiting to be discovered in the post war architectural history of Germany and Poland. And its influence on urban planning and residential building concepts in both countries since the 50s has yet to be recognized.

Christine Nielsen

der Erschließungsform auffallende Ähnlichkeiten mit dem Ledigenwohnheim auf, ohne daß sich das eine auf das andere gesichert zurückführen ließe, geschweige denn, daß man Scharoun die Kenntnis dieser Bauten nachweisen könnte.

In diesem Zusammenhang muß auch auf den maßgeblichen Einfluß Le Corbusiers auf die Architekten der zwanziger Jahre hingewiesen werden, der schon 1923 mit seinen «Immeubles villas» eine luxuriöse Variante des Kollektivhauses propagiert hatte[33] und diese nach 1947 mit seinen «Unités d'habitation» in Marseille, Nantes und Berlin in modifizierter Weise umsetzte.

Rading und Scharoun besaßen ein ausgeprägtes Gespür für die Themen der Zeit und blieben von den Entwicklungen anderer Länder wohl nicht unberührt. Künstlerisch beschritten sie jedoch eigene, oftmals exzentrische Wege, die vom «mainstream» des Funktionalismus bewußt abwichen.

Trotz qualitativer Unterschiede spiegeln sich in der Breslauer Versuchssiedlung, auch wenn ihr die vielen großen Namen und die Internationalität der Stuttgarter Weißenhofsiedlung fehlen, die drängenden Probleme dieser Jahre wider. Die im Vergleich zu Stuttgart stärkere Hervorhebung der Klein- und Kleinstwohnung, eine unmittelbare Reaktion auf die katastrophale Wohnungssituation vor Ort, war von höchster Brisanz und entsprach dem allgemeinen Tenor der in dieser Zeit geführten aktuellen Diskussionen.[34] Von den meisten Kritikern wurde diese Hinwendung zu den sozialen Anliegen breiter Bevölkerungsschichten positiv und als Fortschritt gegenüber der Stuttgarter Werkbundsiedlung gewertet. In diesem Punkt herrschte ein breiter Konsens aller mit dem Siedlungsbau befaßter Institutionen und Architekten, wenngleich es konträre Auffassungen darüber gab, was unter Wirtschaftlichkeit zu verstehen sei.

Die eigentliche Besonderheit der Breslauer Werkbundsiedlung bestand jedoch in den Bauten, die über alle Typisierungs- und Rationalisierungsbestrebungen hinausgehend nach möglichen neuen Gesellschaftsutopien fragten. Für diese Tendenz stehen das Kollektivhaus von Rading und das Ledigenwohnheim von Scharoun. Sie spiegeln eine andere Diskussion wider, die gegen Ende der Weimarer Republik kurzzeitig an Relevanz gewann und die Avantgarde unter den Architekten entzweite: die Diskussion um das Gemeinschaftshaus. Bemerkenswert ist, daß die Kritik an der einseitig um Rationalität bemühten Architektur von führenden Vertretern des sozialen Wohnungsbaus der zwanziger Jahre ausging.[35] Diese Krise unter den

Hans Scharoun, Ledigenwohnheim, Innenansicht eines Appartements
Hans Scharoun, singles' residence, apartment interior

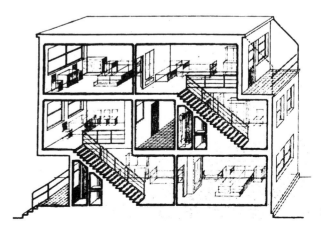

Andrej A. Ol, Konstantin A. Iwanow, Anatoli S. Ladinski, Wettbewerbsentwurf für ein kommunales Haus, 1927
Andrei A. Ol, Konstantin A. Ivanov, Anatoli S. Ladinski, competition design for a communal residence, 1927

1 See: Roland Jaeger: Johannes Molzahn 1892–1965 als Ge-brauchsgrafiker und Buchgestalter. In: Aus dem Antiquariat, edi-ted by H. Pressler, no. 6, Munich 1992, S. A225–A234.

2 Examples of their work are the housing estates Pöpelwitz (1920–28, by Theo Effenberger) and Zimpel (renamed Sepolno, 1925–28 by Paul Heim & Albert Kempter).

3 Most important publications: Lubomír and Vladimír Šlapeta: 50 Jahre WUWA. In: Bauwelt, 70th vol., 1979, pp. 1426–1445; Jadwiga Urbanik: The WUWA Estate in Wrocław, Poland. In: DO.CO.MO.MO.-Newsletter no. 4, 1991, pp. 37–39; Christine Nielsen: Die Versuchssiedlung der Werkbund-Ausstellung Breslau 1929. MA thesis at University Bonn (Prof. Tönnesmann), Bonn 1994; Beate Störtkuhl: Die Wohn- und Werkraum-ausstellung «WuWA» in Breslau 1929. In: Berichte und For-schungen, Annual of the Federal Institute of East German Culture and History, 3rd vol., Munich 1995, pp. 107–176.

4 In the late 20s Oskar Schlemmer, Alexander Kanoldt and Carlo Mense were part of the faculty under its director Oskar Moll. On the significance of the Königliche, later Staatliche Akademie für Kunst und Kunstgewerbe in Breslau, see: Hartmut Frank: Ein Bauhaus vor dem Bauhaus. In: Bauwelt, 74th vol., 1983, pp. 1640–1658.

5 Max Berg, long-time Director of Building and Housing, and the most influential representative of Breslau's early Modern Movement, had left the city in 1925, following continuous resis-tance against his building policies, especially against his high-rise designs for Breslau.

6 Adolf Rading answering an inquiry: «What will give a lift to Breslau's cultural life?» In: Schlesische Monatshefte, 5th vol., 1928, pp. 94–95.

7 Heinrich Lauterbach in a letter to Ernst Scheyer, Detroit (Michigan, 27th May, 1961). In: Hans Scharoun. Bauten, Ent-würfe, Texte, edited by Peter Pfankuch, Berlin (1974) 1993, p. 84, (= Schriftenreihe der Akademie der Künste, 10)

8 Poelzig, during his directorship of the Breslau Academy of Art and Crafts from 1903 till 1916, had exercised a significant influ-ence on the city's architecture. Heinrich Lauterbach had studied under him and had worked in his office.

9 M. (Ernst May): Wohnung und Werkraum, exhibition in Breslau. In: Das Neue Frankfurt, 3rd vol., 1929, p. 205. Until he was appointed as councillor for building and housing in Frankfurt a.M., Ernst May, for a long time, had served in Breslau as Director of the housing society «Schlesische Heimstätte».

10 Alfred Rothenberg: Die Werkbundausstellung 1929 in Breslau. In: Ostdeutsche Bauzeitung, 27th vol., 1929, p. 342.

11 Gustav Wolf: Die Versuchssiedlung auf der Breslauer Werk-bundausstellung 1929. In: Die Wohnung, 4th vol., 1929, p. 196.

12 Guido Harbers: Wohnung und Werkraum. Werkbundausstellung in Breslau 1929. In: Der Baumeister, 27th vol., 1929, p. 288.

13 Already in 1924, in connection with a competition organized by the journal Bauwelt, Rading had designed a complex communal residence that was to house 3,000 people.
At the same time – around 1930, Scharoun worked on his two Berlin apartment blocks on Kaiserdamm and Hohenzollern-damm, as well as on various un-built projects.

14 Heinrich Lauterbach in a letter to Ernst Scheyer, op.cit.

15 For the exhibition though, only one storey was built exactly to his designs, and even this was subject to alterations already shortly after the exhibition ended (see article by Jadwiga Urbanik).

Architekten fiel mit dem Ausbruch der Weltwirtschaftskrise zusammen und ist symptomatisch für die tiefgreifende Verunsicherung, die damit einherging.

Die Versuchssiedlung in Breslau ist in vielerlei Hinsicht typisch für den Zeitpunkt ihres Entstehens, sowohl in der Disparität ihrer Leistungen als auch in der Bereitschaft der Organisatoren, politische Kompromisse einzugehen. Die Stuttgarter Werkbundausstellung wirkte nach. Es zeigte sich, daß auch traditionellere Architekten sich an die stilistischen Merkmale der «Weißenhof-Moderne» gewöhnt hatten und diese in ihr architektonisches Vokabular einbezogen. Damit ging eine auf äußerliche Merkmale beschränkte Adaption einher, wie in Breslau in einigen Fällen zu sehen ist. Die Avantgarde unter den Architekten, denen es

auch um gesellschaftliche Veränderungen ging, war herausgefordert, nach neuen Ufern Ausschau zu halten, ihre Ziele neu zu formulieren.

Die Breslauer Versuchssiedlung war der Versuch einer Standortbestimmung in einer Phase der Neuorientierung, die aufgrund der historischen Entwicklung aber jäh abgebrochen wurde. Wenn auch unter erschwerten Umständen, wirkten ihre Ideen nach, die Spuren müssen in der Nachkriegs-Architekturgeschichte Deutschlands und Polens gesucht werden. In ihrer Bedeutung für die städtebaulichen Ideen und Wohnvorstellungen beider Länder seit den fünfziger Jahren ist sie bislang noch nicht erkannt.

Christine Nielsen

1   Siehe hierzu: Roland Jaeger: Johannes Molzahn 1892–1965 als Gebrauchsgrafiker und Buchgestalter. In: Aus dem Antiquariat. Hrsg. v. H. Pressler, Nr. 6, München 1992, S. A225–A234.

2   Zu nennen sind etwa die Siedlungen Pöpelwitz (1920–28) und Zimpel (heute Sepolno, 1925–28) von Theo Effenberger bzw. Paul Heim & Albert Kempter.

3   Wichtigste Publikationen: Lubomír und Vladimír Šlapeta: 50 Jahre WUWA. In: Bauwelt, 70. Jg., 1979, S.1426–1445; Jadwiga Urbanik: The WUWA Estate in Wrocław, Poland. In.: DO.CO.MO.MO.-Newsletter No. 4, 1991, S. 37–39; Christine Nielsen: Die Versuchssiedlung der Werkbund-Ausstellung Breslau 1929, Magisterarbeit Universität Bonn (Prof. Tönnesmann), Bonn 1994; Beate Störtkuhl: Die Wohn- und Werkraumausstellung «WUWA» in Breslau 1929. In: Berichte und Forschungen. Jahrbuch des Bundesinstituts für ostdeutsche Kultur und Geschichte, Bd. 3, München 1995, S. 107–176.

4   Unter dem Direktor Oskar Moll lehrten hier gegen Ende der zwanziger Jahre u.a. Oskar Schlemmer, Alexander Kanoldt und Carlo Mense. Zur Bedeutung der Königlichen später Staatlichen Akademie für Kunst und Kunstgewerbe in Breslau vgl.: Hartmut Frank: Ein Bauhaus vor dem Bauhaus. In: Bauwelt, 74. Jg., 1983, S. 1640–1658.

5   Max Berg, langjähriger Stadtbaumeister und prägendster Vertreter der frühen Breslauer Moderne hatte die Stadt schon 1925 aufgrund anhaltender Widerstände gegen seine Baupolitik, die sich insbesondere gegen seine Hochhausentwürfe für Breslau richteten, verlassen.

6   Adolf Rading in einer Umfrage: «Wodurch kann das Breslauer Kunstleben gehoben werden?» In: Schlesische Monatshefte, 5. Jg., 1928, S. 94–95.

7   Heinrich Lauterbach in einem Brief an Ernst Scheyer, Detroit/ Mich., USA (27.5.1961). In: Hans Scharoun. Bauten, Entwürfe, Texte. Hrsg. v. Peter Pfankuch, Berlin (1974) 1993, S. 84, (= Schriftenreihe der Akademie der Künste, 10).

8   Poelzig hatte in der Zeit seiner Direktorenschaft an der Breslauer Akademie für Kunst und Kunstgewerbe von 1903 bis 1916 der Breslauer Architektur wichtige Impulse gegeben. Heinrich Lauterbach hatte bei ihm studiert und in seinem Büro gearbeitet.

9   M. (Ernst May): Wohnung und Werkraum Ausstellung in Breslau. In: Das Neue Frankfurt, 3. Jg., 1929, S. 205. Ernst May war, bis er 1925 als Stadtbaurat nach Frankfurt a.M. berufen wurde, lange Zeit als Direktor der «Schlesischen Heimstätte» in Breslau tätig gewesen.

10 Alfred Rothenberg: Die Werkbundausstellung 1929 in Breslau. In: Ostdeutsche Bauzeitung, 27. Jg., 1929, S. 342.

11 Gustav Wolf: Die Versuchssiedlung auf der Breslauer Werkbundausstellung 1929. In: Die Wohnung, 4. Jg., 1929, S. 196.

12 Guido Harbers: Wohnung und Werkraum. Werkbundausstellung in Breslau 1929. In: Der Baumeister, 27. Jg., 1929, S. 288.

13 Rading hatte bereits 1924 im Zusammenhang mit einem Wettbewerb der Zeitschrift «Bauwelt» ein komplexes Gemeinschafts-Wohnhaus entworfen, in dem knapp 3000 Menschen leben sollten. Scharoun arbeitete um 1930 an seinen beiden Berliner Appartementhäusern am Kaiserdamm und am Hohenzollerndamm sowie an verschiedenen nicht realisierten Projekten.

14 Heinrich Lauterbach in einem Brief an Ernst Scheyer, a.a.O.

15 Für die Ausstellung wurde allerdings nur ein Geschoß genau nach seinen Plänen ausgebaut, und selbst an diesem nahm man schon kurz nach der Ausstellung Veränderungen vor (vgl. Beitrag Jadwiga Urbanik).

[16] Rading: Erläuterungsbericht (explanatory project notes) quoted from Adolf Rading. Bauten, Entwürfe und Erläuterungen., edited by Peter Pfankuch, Berlin 1970, p. 68, (= Schriftenreihe der Akademie der Künste, 3rd vol.).

[17] Rading, Erläuterungsbericht, op.cit. p. 76.

[18] For contemporary parallels, see Sigfried Giedion, Befreites Wohnen, Zürich/Leipzig, 1929.

[19] Explanatory project notes, quoted from Rading Erläuterungsbericht, op. cit., p. 74.

[20] Adolf Rading: Die Typenbildung und ihre städtebaulichen Folgerungen. In: Fritz Block (ed.), Probleme des Bauens, Potsdam 1928, p. 73. He had formulated his idea of integrating the concept of community living into his design for high-rise towers already in 1926 in his article «Neues Wohnen» (new living). In: Baugilde, 8th vol., 1926, pp. 1312–1315.

[21] A look into old address books shows that subsequent inhabitants nearly exclusively belonged to this target group. Many artists lived here, among others Oskar Schlemmer (house 14), some of them (H. Scharoun, H. Lauterbach and A. Kempter) had their studios in Rading's Kollektivhaus.

[22] The Reichsforschungsgesellschaft für Wirtschaftlichkeit im Haus- und Wohnungsbau (Rfg.) sent a commission to Breslau to make an inquiry into the economic situation of the buildings. It is not known whether the commission published any results.

[23] Plan and mock-up were published a year later in: Baumeister, 28th vol., 1930, pp. 72f.

[24] Georg Münter: Wohnung und Werkraum. Ein Versuch, die Werkbundausstellung in Breslau 1929 zu würdigen. In: Wasmuths Monatshefte für Baukunst, 13th vol., 1929, pp. 444f. The buildings by Gustav Wolf were missing in the Estate model built by Adolf Rading. And the photographer of a frequently reproduced picture of the singles' residence, taken from the roof garden, had retouched it to cut out Wolf's building (see Hans Scharoun. Bauten, Entwürfe, Texte, op.cit., illustration on p. 85).

[25] In 1929, Ludwig Hilberseimer writes: «It is impossible to withold the right to living spaces from this rather large part of the population only to relegate them to one furnished room as a full substitute of an apartment.» L. H.: Wohnung und Werkraum. Ausstellung Breslau 1929. In: Die Form, 4th vol., 1929, p. 451.

[26] M. (Ernst May), op.cit., p. 205.

[27] See Gert Kähler: Architektur und Symbolverfall. Das Dampfermotiv in der Baukunst, Braunschweig 1985.

[28] Lecture, held at the Technical University Berlin (April 28, 1950), quoted from: H. Scharoun. Bauten, Entwürfe, Texte, op.cit., p. 88.

[29] The term «boarding-house», frequently used as a synonym, denotes a version that also provides full catering, e.g. with a large kitchen, where joint meals are part of «institutional» living.

[30] See Walter Curt Behrendt: Städtebau und Wohnungswesen in den Vereinigten Staaten. Bericht über eine Studienreise. In: Zeitschrift für Bauwesen, 76th vol., 1926, pp. 29–68. This house type was also discussed in 1929 during the 2nd CIAM meeting in Frankfurt, published in: Die Wohnung für das Existenzminimum, edited by the International Congress for New Building and the Municipal Office for Building and Housing Frankfurt am Main, Frankfurt a.M. 1930.

[31] Kurt Junghans: Die Beziehungen zwischen deutschen und sowjetischen Architekten in den Jahren 1917 bis 1933. In: Wissenschaftliche Zeitschrift der Humboldt-Universität, 16th vol., 1967, pp. 369–381. Christian Schädlich: Die Architektur der sowjetischen Avantgarde im Spiegel der deutschen Fachpresse. In: Avantgarde II. 1924–37. Sowjetische Architektur (exhibition catalogue), Stuttgart 1993, pp. 106–119.

[32] Selim O. Chan-Magomedov: Schöpferische Konzeptionen und soziale Probleme in der Architektur der sowjetischen Avantgarde. In: Avantgarde II, 1993, op.cit., pp. 22ff.

[33] Le Corbusier: Towards a New Architecture (Vers une architecture, 1922).

[34] That same year, the 2nd International Congress of Modern Architecture (CIAM) took place in Frankfurt under the heading «Accommodation for the subsistence income».

[35] In 1929, at the 2nd International Congress of Modern Architecture, Walter Gropius presented his design for a high-rise communal residence with service facilities and entered into a controversial discussion of the project with Ernst May. «Thus, Le Corbusier and Gropius voted for the central kitchen building, among others, of an imaginary community, and against rightwing small settlement strategies (inimical to technology), against the technocrats in their own ranks, at the same time addressing nobody in particular.». Quote from Günther Uhlig: Kollektivmodell «Einküchenhaus». Wohnreform und Architekturdebatte zwischen Frauenbewegung und Funktionalismus 1900–1933, Giessen 1981, p. 138, (= Werkbund-Archiv, 6).

[16] Rading, Erläuterungsbericht (1929). Zit. nach: Adolf Rading. Bauten, Entwürfe und Erläuterungen. Hrsg. v. Peter Pfankuch, Berlin 1970, S. 68, (= Schriftenreihe der Akademie der Künste, Bd. 3).

[17] Rading, Erläuterungsbericht, a.a.O., S. 76.

[18] Zeitgleiche Parallelen hierzu findet man etwa in Sigfried Giedions Buch «Befreites Wohnen», Zürich-Leipzig 1929.

[19] Rading, Erläuterungsbericht, a.a.O., S. 74.

[20] Adolf Rading: Die Typenbildung und ihre städtebaulichen Folgerungen. In: Probleme des Bauens. Hrsg. v. Fritz Block, Potsdam 1928, S. 73. Die Idee, Punkthochhäuser mit kollektiven Wohnformen zu verbinden, hatte er bereits 1926 in seinem Aufsatz «Neues Wohnen» formuliert. In: Baugilde, 8. Jg., 1926, S. 1312–1315.

[21] Ein Blick in die Adressbücher zeigt, daß die späteren Bewohner fast ausnahmslos dieser Zielgruppe angehörten. Viele Künstler, die zum Teil ihre Ateliers in Radings Kollektivhaus hatten, wohnten hier, z.B. Oskar Schlemmer (Haus 14). Auch Hans Scharoun, Heinrich Lauterbach und Albert Kempter wohnten zeitweise in der Versuchssiedlung.

[22] Die Rfg. schickte eine Kommission nach Breslau, die die Leistungen nach wirtschaftlichen Gesichtspunkten untersuchen sollte. Eine Veröffentlichung ihrer Ergebnisse ist jedoch nicht bekannt.

[23] Plan und Modell wurden ein Jahr später veröffentlicht. In: Baumeister, 28. Jg., 1930, S. 72f.

[24] Georg Münter: Wohnung und Werkraum. Ein Versuch, die Werkbundausstellung in Breslau 1929 zu würdigen. In: Wasmuths Monatshefte für Baukunst, 13. Jg., 1929, S. 444f.
Im Gesamtmodell, das von Rading erstellt wurde, fehlten die Bauten von Gustav Wolf. Aus einer häufig reproduzierten Ansicht des Ledigenwohnheims, die vom Dachgarten aufgenommen wurde, wurde es vom Fotografen herausretuschiert, vgl.: Hans Scharoun. Bauten, Entwürfe, Texte, a.a.O., Abbildung S. 85.

[25] Ludwig Hilberseimer schrieb 1929: «Es ist eine völlige Unmöglichkeit, diesem nicht unbeträchtlichen Teil der Bevölkerung das Wohnrecht vorzuenthalten und sie auf das möblierte Zimmer als vollgültigen Wohnungsersatz zu verweisen». L. H.: Wohnung und Werkraum. Ausstellung Breslau 1929. In: Die Form, 4. Jg., 1929, S. 451.

[26] M (Ernst May), a.a.O., S. 205.

[27] Vgl.: Gert Kähler: Architektur und Symbolverfall. Das Dampfermotiv in der Baukunst, Braunschweig 1985.

[28] Vorlesung gehalten an der TU Berlin (28.4.1950). Zit. nach Hans Scharoun. Bauten, Entwürfe, Texte, a.a.O., S. 88.

[29] Die oft synonym verwendete Bezeichnung «Boarding-house» bezeichnet eine Variante, in der auch die Verköstigung, z.B. in Form einer Großküche, Bestandteil der Hausorganisation ist.

[30] Vgl. etwa Walter Curt Behrendt: Städtebau und Wohnungswesen in den Vereinigten Staaten. Bericht über eine Studienreise. In: Zeitschrift für Bauwesen, 76. Jg., 1926, S. 29–68. Dieser Haustyp wurde auch 1929 auf der 2. CIAM-Tagung in Frankfurt diskutiert: Die Wohnung für das Existenzminimum. Hrsg. vom Internationalen Kongreß für Neues Bauen und dem städtischen Hochbauamt Frankfurt a.M., Frankfurt a.M. 1930.

[31] Kurt Junghans: Die Beziehungen zwischen deutschen und sowjetischen Architekten in den Jahren 1917 bis 1933. In: Wissenschaftliche Zeitschrift der Humboldt-Universität, 16. Jg., 1967, S. 369–381. Christian Schädlich: Die Architektur des sowjetischen Avantgarde im Spiegel der deutschen Fachpresse. In: Avantgarde II. 1924–37. Sowjetische Architektur (Ausst.-Kat.), Stuttgart 1993, S. 106–119.

[32] Selim O. Chan-Magomedov: Schöpferische Konzeptionen und soziale Probleme in der Architektur der sowjetischen Avantgarde. In: Avantgarde II, 1993, a.a.O., S. 22ff.

[33] Le Corbusier. Ausblick auf eine Architektur (1922). Hrsg. v. Ulrich Conrads, Berlin 1963 (= Bauwelt-Fundamente Bd. 2) S. 189ff.

[34] Im selben Jahr fand in Frankfurt der 2. «Internationale Kongreß für Neues Bauen» (CIAM) unter dem Motto «Die Wohnung für das Existenzminimum» statt.

[35] Walter Gropius stellte 1929 auf dem 2. Internationalen Kongreß für Neues Bauen (CIAM) seinen Entwurf für ein Gemeinschaftshochhaus mit Serviceeinrichtungen vor und geriet darüber in eine kontroverse Diskussion mit Ernst May. «So votierten Le Corbusier und Gropius u.a. für das Zentralküchenhaus einer imaginären Gemeinschaft, gegen die technikfeindlichen Kleinsiedlungsstrategen von rechts, gegen die Technokraten aus den eigenen Reihen und gleichzeitig ohne eigentlichen Adressaten.» Günther Uhlig: Kollektivmodell «Einküchenhaus». Wohnreform und Architekturdebatte zwischen Frauenbewegung und Funktionalismus 1900–1933, Gießen 1981, S. 138, (=Werkbund-Archiv, Bd. 6).

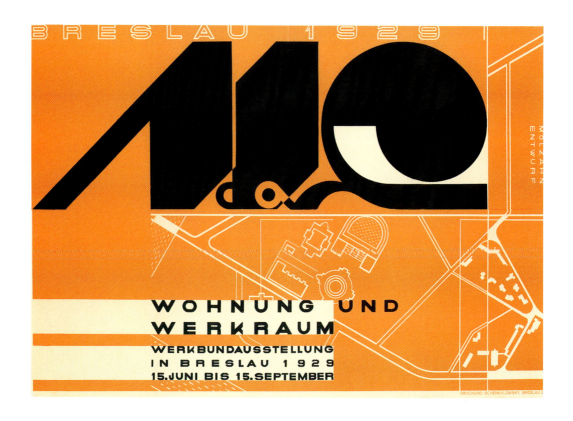

Johannes Molzahn
Zwei Plakate der Werkbundausstellung
«Wohnung und Werkraum» und Umschlag
des Ausstellungs-Kataloges, 1928/29

Johannes Molzahn
Two posters of the Werkbund exhibition
«Apartment and Workspace» and
cover of the exhibition catalogue, 1928/29

Lageplan der Werkbundsiedlung Breslau 1929
Site plan of Werkbundhousing Estate Breslau 1929

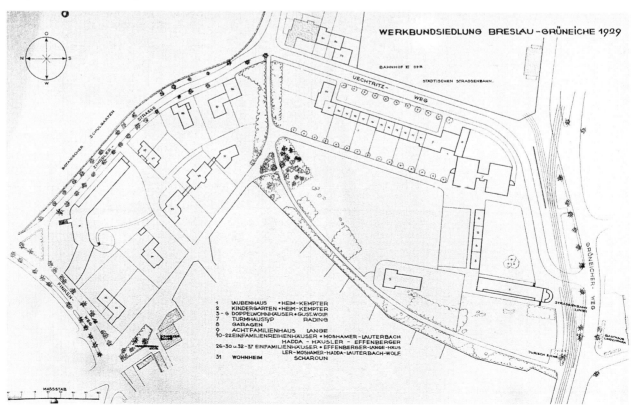

Haus 1 Paul Heim & Albert Kempter,
Laubenganghaus
Ansicht von Nordwesten (1929)
Grundriß eines Wohngeschosses
Ansicht von Südwesten (heutiger Zustand)
Ansicht von Osten (heutiger Zustand)

House 1 Paul Heim & Albert Kempter,
access balcony block
Northwest view (1929)
Floor plan of a residential storey
Southwest view (present condition)
East view (present condition)

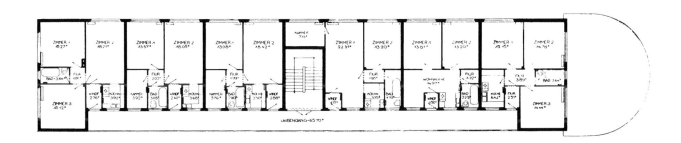

Haus 2 Paul Heim & Albert Kempter,
Kindergarten
Ansicht von Nordosten (1929)
Ansicht von Nordwesten
(heutiger Zustand)
Grundriß

House 2 Paul Heim & Albert Kempter,
kindergarten
Northeast view (1929)
Northwest view (present condition)
Floor plan

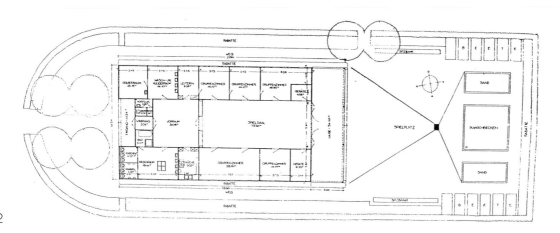

Häuser 3–6 Gustav Wolf, Achtfamilienhaus

Grundriß einer Eckhauswohnung, Erdgeschoß

Ansicht von Nordosten (1929)

Ansicht von Südosten (heutiger Zustand)

Houses 3–6 Gustav Wolf,
eight families' house
Ground floor plan of an apartment in
a corner building
Northeast view (1929)
Southeast view (present condition)

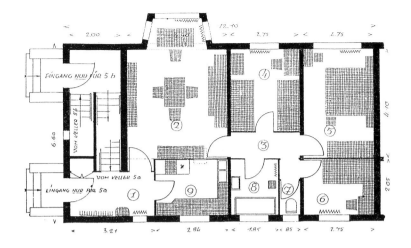

Haus 7 Adolf Rading, Kollektivhaus
Ansicht von Nordwesten (1929)
Innenansicht, Wohnraum mit Arbeitsecke (1929)
Bauplan eines Wohngeschosses
Ansicht von Osten (1929)
Seite 46: Ansicht von Westen (heutiger Zustand)
Ansicht von Südosten (heutiger Zustand)

House 7 Adolf Rading, Kollektivhaus
(communal residence)
Northwest view (1929)
View into the living room with corner
office space (1929)
Execution-of-works plan of a residential floor
East view (1929)
Page 46: West view (present condition)
Southeast view (present condition)

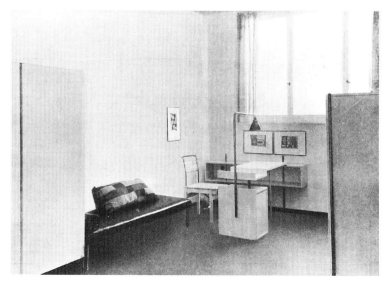

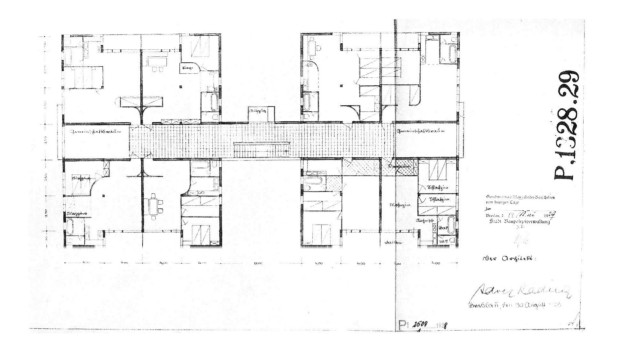

Haus 9 Emil Lange, Vierspänner-Mietshaus

Grundriß eines Wohngeschosses

Ansicht von Nordosten (1929)

Ansicht von Nordosten (heutiger Zustand)

House 9 Emil Lange, apartment block
(«foursome»)

Floor plan of a residential storey

Northeast view (1929)

Northeast view (present condition)

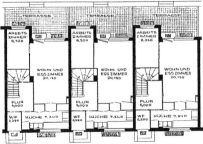

Häuser 10–22 Ludwig Moshamer,
Heinrich Lauterbach, Moritz Hadda,
Paul Häusler, Theo Effenberger,
Reihenhauszeile
Ansicht von Nordosten (1929)
Grundrisse Erd- und Obergeschoß:
Häuser 10–12 von Ludwig Moshamer,
13–15 von Heinrich Lauterbach, 16–17 von
Moritz Hadda, 18–20 von Paul Häusler,
21–22 von Theo Effenberger
Ansicht von der Straßenseite
(heutiger Zustand)

Houses 10–22 Ludwig Moshamer,
Heinrich Lauterbach, Moritz Hadda,
Paul Häusler, Theo Effenberger,
terraced houses
Northeast view (1929)
Ground floor and 1st floor plans:
houses 10–12 by Ludwig Moshamer,
13–15 by Heinrich Lauterbach, 16–17 by
Moritz Hadda, 18–20 by Paul Häusler,
21–22 by Theo Effenberger
View of street facade (present condition)

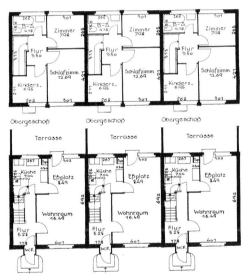
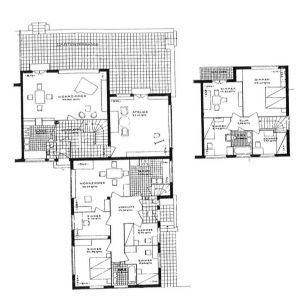

Haus 26/27 Theo Effenberger,
Doppelwohnhaus
Ansicht von Süden, Gartenseite (um 1930)
Ansicht von Norden, Straßenseite (heutiger
Zustand)
Grundriß Erdgeschoß
Grundriß Obergeschoß

House 26/27 Theo Effenberger,
semi-detached single-family residence
South view, garden facade (around 1930)
North view, street facade (present condition)
Ground floor plan
1st floor plan

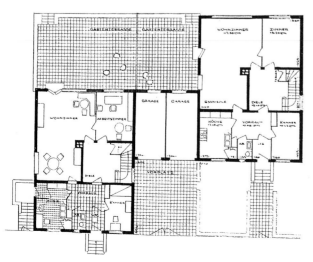

Haus 28 Emil Lange, Einfamilienhaus
Ansicht von Süden (1929)
Grundrisse, Erd- und Obergeschoß
Ansicht von Nordosten (heutiger Zustand)

House 28 Emil Lange, single-family residence
South view (1929)
Ground and 1st floor plans
Northeast view (present condition)

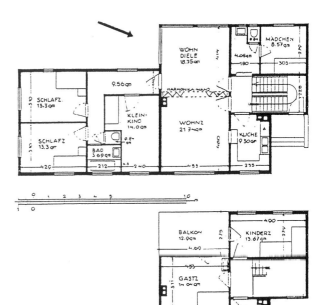

51

Haus 29/30 Paul Häusler, Doppelwohnhaus
Ansicht von Nordwesten (heutiger Zustand)
Grundrisse, Erd- und Obergeschoß
Ansicht von Südosten (1929)

House 29/30 Paul Häusler,
semi-detached single-family residence
Northwest view (present condition)
Ground and 1st floor plans
Southeast view (1929)

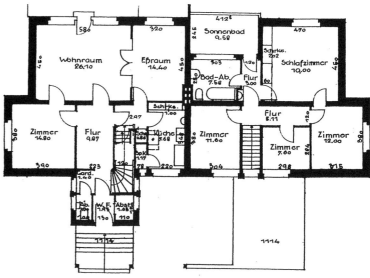

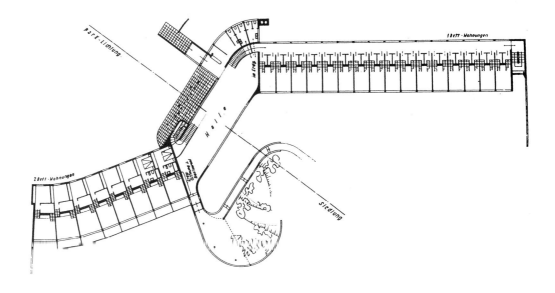

Haus 31 Hans Scharoun, Ledigenwohnheim
Grundriß
Ansicht von Südosten, Gartenseite (1929)
Seite 54: Dachgarten, Blick auf den östlichen
Wohnflügel (heutiger Zustand)
Vorbau, Eingang Gartenseite (1929)
Seite 55: Ansicht von Nordosten, Straßenseite
(heutiger Zustand)
Eingangsbereich, Gartenseite (heutiger Zustand)
Mitteltrakt, Gartenseite (1929)

House 31 Hans Scharoun, singles' residence
Floor plan
Southeast view, garden facade (1929)
Page 54: Rooftop garden with a view towards
the eastern residential wing (present condition)
Garden facade canopy (1929)
Page 55: Northeast view, street facade
(present condition)
View of the entrance hall from the garden
(present condition)
View of the central section from the garden 1929)

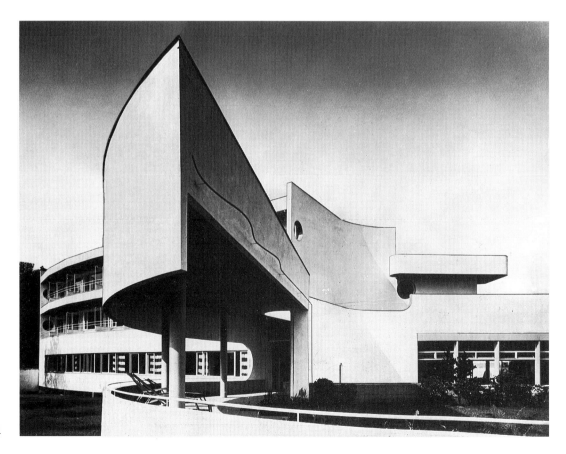

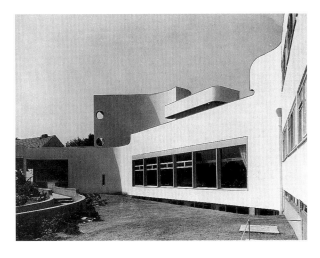

Haus 32/33 Gustav Wolf, Doppelwohnhaus
Ansicht von Süden, Gartenseite (1929)
Grundrisse Erd- und Obergeschoß

House 32/33 Gustav Wolf,
semi-detached single-family residence
South view, garden facade (1929)
Ground and 1st floor plans

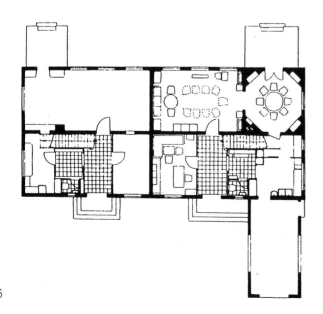
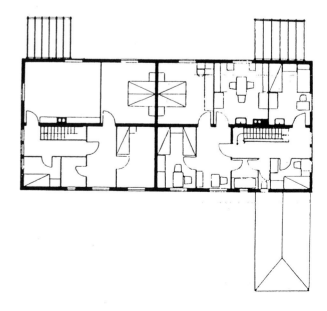

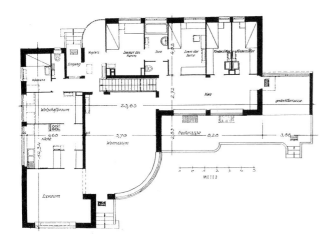

Haus 35 Heinrich Lauterbach,
Einfamilienhaus
Grundriß Erdgeschoß
Ansicht von Süden, Gartenseite
(1929)
Ansicht von Nordosten, Straßen-
seite (1929)
Ansicht von Nordosten, Straßen-
seite (heutiger Zustand)

House 35 Heinrich Lauterbach,
single-family residence
Ground floor plan
South view, garden facade (1929)
Northeast view, street facade (1929)
Northeast view, street facade
(present condition)

Haus 36 Moritz Hadda, Einfamilienhaus
Ansicht von Südwesten, Gartenseite (1929)
Innenansicht, Arbeitszimmer (1929)
Ansicht von Südwesten, Gartenseite
(heutiger Zustand)
Grundriß Erdgeschoß

House 36 Moritz Hadda, single-family
residence
Southwest view, garden facade (1929)
Home office space (1929)
Southwest view, garden facade
(present condition)
Ground floor plan

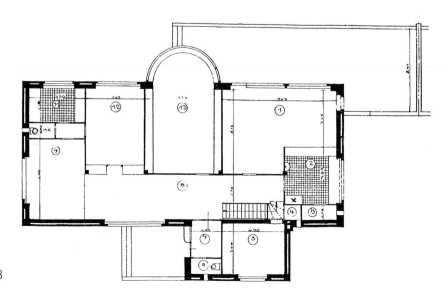

Haus 37 Ludwig Moshamer, Einfamilienhaus
Ansicht von Süden, Gartenseite (heutiger
Zustand)
Grundrisse Erd- und Obergeschoß
Ansicht von Norden, Eingang (1929)

House 37 Ludwig Moshamer,
single-family residence
South view, garden facade (present condition)
Ground floor and 1st floor plans
North view, entrance (1929)

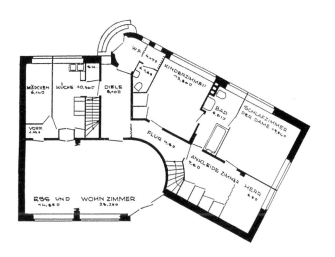

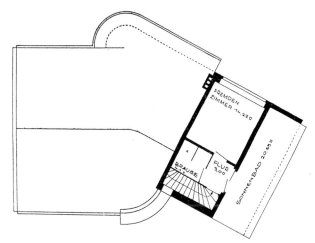

NEW ARCHITECTURE AND NEW CONSTRUCTION TECHNIQUES
Notes on the Technological Aspects of WUWA

In the history of 20th century architecture, the German Werkbund has played an important part in the development of modern architecture. Hermann Muthesius, who coined the motto «more content, less art» was one of its founders and prominent spokesmen.[1] The exceptional success of the Werkbund was also based on its mediating between art, industry and State authorities. It led artists and architects to work closely together. Hermann Muthesius' call for industrialization and standardization in building continued to be discussed highly controversially, especially in 1914 during the so-called «Werkbundstreit» (dispute) in Cologne, when Henry van de Velde attacked these ideas with his fervid pleading for artistic individuality. In the course of the second half of the 20s, the focus of attention gradually shifted to industrial prefabrication and streamlined forms of construction and building developments.

Prior to World War I, only certain sectors of mass housing were attended to. However, post-war life brought about multiple changes which, in turn, necessitated corresponding changes in housing developments. The most urgent task was to quickly eliminate the acute housing shortages. The Werkbund not only recognized the quantitative need for housing, but also the qualitative failures of previous building efforts and, therefore, saw itself confronted with a dual problem: first of all, a new type of house and apartment had to be developed to cover all design aspects from an efficient kitchen to urban planning; and secondly, the construction industry needed to basically improve on technology and organization. So the priority task of the period between the two World Wars was not to erect representative buildings, but to develop and build apartment blocks, housing estates and entire city districts. The new buildings were meant to suit large parts of the population and should therefore lend themselves to mass production. Not least due to this demand, architecture then sought new forms and liberated itself from ornamentation.

The 1927 Werkbund Exhibition in Stuttgart-Weissenhof, entitled «The Apartment», became the experimental field for urban planning, for architecture and for new building materials. Architects from five countries, representative of the most up-to-date tendencies in architecture, had been invited to design various residential buildings for the exhibition. They were free to realize spaces for new modes of living, to implement new construction methods and to use new building materials. The only mandatory element was the flat roof. Le Corbusier used the Weissenhofsiedlung to present models of his «five points» architecture: «pilotis», a free plan, a free façade design, window bands and rooftop gardens[2] were to show the way towards the possible uses of the new materials steel and reinforced concrete.

In subsequent years, other model housing developments followed: Novy Dum in Brno in 1928; the «WOBA» in Basle-Eglisee of 1930; Zurich-Neubuehl in 1931; the Prague «BABA» of 1932, and Vienna-Lainz in 1932. Unlike in Stuttgart or even in Breslau, the architects were not always granted basic artistic licence. The buildings frequently were the outcome of compromises reached jointly by architects, developers and future residents (e.g. in Brno and Prague). The architects of the Brno, Basle and Zurich exhibitions were restricted by rigid building regulations. In many cases, they gave up experimenting for financial reasons and returned to tried and tested building methods and structures.

Structures and Materials

In a certain sense, architectural exhibitions were test laboratories for trying out new structural designs and building materials. It cannot be overstressed that it was technological progress that rendered the steel

Emil Lange, Vierspänner-Mietshaus, Aufnahme während der Bauarbeiten

Emil Lange, apartment house («Foursome»), under construction

NEUES BAUEN UND NEUE BAUTECHNIKEN
Anmerkungen zu technologischen Aspekten der
WUWA

In der Geschichte der Architektur des zwanzigsten Jahrhunderts hatte der Deutsche Werkbund einen beträchtlichen Anteil an der Entwicklung der modernen Baukunst. Hermann Muthesius, der die Devise «mehr Inhalt, weniger Kunst» prägte, war einer seiner Gründer und wesentlichen Wortführer[1]. Der außergewöhnliche Erfolg des Werkbundes lag auch in seiner Mittlerfunktion zwischen Kunst, Industrie und Staat begründet: Er bewegte Künstler und Architekten zu einer engen Zusammenarbeit. Noch 1914 beim «Werkbundstreit» in Köln wurden die Forderungen von Hermann Muthesius nach Industrialisierung und Typisierung des Bauens äußerst kontrovers diskutiert und von Henry van de Velde mit einem flammenden Plädoyer für die künstlerische Individualität zurückgewiesen. In der zweiten Hälfte der zwanziger Jahre verlagerte sich dann das Interesse immer mehr auf Formen der industriellen Vorfertigung und rationelle Bauweisen. Vor dem Ersten Weltkrieg wurde dem Massenwohnungsbau nur in bestimmten Bereichen Aufmerksamkeit geschenkt. Das Leben nach dem Krieg brachte indes eine Vielzahl von Veränderungen mit sich, die entsprechende Veränderungen im Wohnungsbau erforderlich machten. Das vordringlichste Anliegen war die schnelle Beendigung der Wohnungsnot. Der Werkbund erkannte neben dem quantitativen Mangel an Wohnraum auch qualitative Fehler und sah sich daher mit einem doppelten Problem konfrontiert: Zuallererst mußte ein neuer Wohnungstyp entwickelt werden, dessen Aspekte von der rationalen Küche bis hin zu Fragen der Stadtplanung reichten. Zum zweiten war eine technologische und organisatorische Verbesserung des Bauwesens an sich erforderlich. Die vorrangige Aufgabe in der Zwischenkriegsperiode bestand also nicht im Bau repräsentativer Gebäude, sondern vor allem von Wohnhäusern, Siedlungen und ganzen Stadtteilen. Die neuen Gebäude sollten für eine breite Schicht und somit für Massenproduktion geeignet sein. Nicht zuletzt deshalb suchte die Architektur nach neuen Formen und befreite sich vom Ornament.
Die Werkbund-Ausstellung «Die Wohnung» 1927 am Stuttgarter Weißenhof wurde zu einem Experimentierfeld für Fragen der Stadtplanung, der Architektur und für neue Baumaterialien. Architekten aus fünf Ländern, die die neuesten Tendenzen in der Architektur vertraten, waren eingeladen worden, verschiedene Wohnhäuser zu entwerfen. Sie konnten über die Anwendung neuer Wohnmodelle, über Konstruktionsmethoden und Baumaterialien frei entscheiden. Das einzige vorgegebene Element war das Flachdach. Le Corbusier nutzte die Weißenhofsiedlung, um seine «fünf Punkte» der modernen Architektur exemplarisch vorzuführen: Die Verwendung von Freistützen («pilotis»), ein freier Grundriß, eine freie Fassadengestaltung, Fensterbänder und Dachgarten[2] sollten einen Weg weisen, wie die neuen Baumaterialien Stahl und Eisenbeton angewendet werden konnten.
In den nächsten Jahren folgten andere Versuchssiedlungen des Werkbundes: Novy Dum, Brünn 1928; «WOBA», Basel-Eglisee 1930; Zürich-Neubühl 1931; «BABA», Prag 1932; Wien-Lainz 1932. Die Architekten hatten hier nicht immer grundsätzliche künstlerische Freiheit, wie in Stuttgart oder auch in Breslau. Die Bauten waren oft das Ergebnis von Kompromissen zwischen Architekten, dem «Investor» und den zukünftigen Bewohnern (wie in Brünn oder Prag). Die Architekten in Brünn, Basel oder Zürich wurden durch strenge Vorgaben eingeschränkt; häufig gaben sie aus finanziellen Erwägungen die Experimente auf und setzten nur bewährte Bau- und Konstruktionsmethoden ein.

Konstruktionen und Materialien

Bauausstellungen waren in gewisser Weise Versuchslabore, in denen neue Konstruktionen und Materialien erprobt wurden. Die Bedeutung des technischen Fortschritts, der die Anwendung neuer Stahlskelett- und Eisenbetonkonstruktionen in Stuttgart und Breslau ermöglichte, und der Versuche, Vorfabrikation anzuwenden, kann nicht deutlich genug hervorgehoben werden: So war Mies van der Rohes Mietshausblock im Stuttgarter Weißenhof eines der ersten Beispiele für die Anwendung des Stahlskeletts auf dem Gebiet des Wohnungsbaus – die Wände wurden von ihrer Traglastfunktion befreit und waren so beliebig für einen bedürfnisorientierten Grundriß verfügbar.
Im Gegensatz zu den neuen Konstruktionsmethoden war die Verwendung neuer Baumaterialien nicht immer erfolgreich. Allerdings gaben die Versuche mit neuen Bautechnologien – abgesehen von einigen Mißerfolgen – Anregungen für weitere Untersuchungen, die zu Technologien und Baumaterialien führten, die heute eingesetzt werden.
Ziel der WUWA in Breslau war es, die neuen Möglichkeiten des Wohnungsbaus aufzuzeigen: Entstehen

frame and reinforced concrete structures possible, and led to the first attempts at working with prefabricated elements. All these were on show in Stuttgart and Breslau. Mies van der Rohe's apartment block in Stuttgart-Weissenhof was one of the first examples of the implementation of the steel frame in housing construction: walls were freed from their load-bearing function and thus became available to accommodate the laying-out of floor plans according to various spatial functions.

Unlike the new structural design, the new building materials were not always successful. Nevertheless, tests with new building technology (except for a few failures) provided inspiration for further research, leading to the development of techniques and materials prevalent today.

It was the intention of the WUWA in Breslau to demonstrate these new opportunities for housing construction: different types of large or small apartments, low-cost houses and residential spaces were to be built which should also have an important social function. One of the main questions addressed functional and economically efficient building materials and techniques.[3] Its orientation towards technology[4] makes the Breslau estate different from other European model housing developments, built from 1927 to 1932, the six years between economic boom and economic crisis. In Breslau's model, both experimental methods and materials (including cheaper substitutes) and traditional structures were used:

Thus, Paul Heim & Albert Kempter designed a steel and concrete frame for their access balcony house (house 1), and the kindergarten they designed had initially been intended only as a temporary building, so its timber structure of prefabricated elements was especially suited for that.

Gustav Wolf used a timber post-and-beam construction (joined storey by storey) for both his flat-roofed apartment house (house 3–6) and his semi-detached houses 32 and 33 with traditional saddleback roofs and timber joist floors. Cladding external and internal walls with «Heraklith» slabs[5] provided heat and sound insulation.

Adolf Rading's communal residence, by virtue of its steel frame structure, offered a large degree of freedom to the architect in the arrangement of floor plans: each storey housed eight apartments with very different floor plans, but with the same floor space (57 sq.m. each). Furthermore, it would have been possible to re-arrange and combine apartments to create either two-level flats or one-level dwellings of between 30 and 120 sq.m. floor space.[6]

Emil Lange used a steel frame structure for his apartment block, house 9 («axial symmetry» system, filled-in with gas concrete slabs), allowing for a standardized prefabrication of building elements. Thus building costs could be reduced by nearly 60 percent.[7] For his single-family residence (house 28) Lange used a steel skeleton structure.

The terraced houses 10–22 by Ludwig Moshamer, Heinrich Lauterbach, Moritz Hadda, Paul Häusler and Theo Effenberger offered small flats of more or less equal dimensions, but with different floor plans and structural details: some buildings were erected as steel skeleton or steel frame structures (filled-in with gas concrete blocks[8]), while others were put up in traditional brick masonry.

Theo Effenberger utilized the so-called «Leipzig construction» system in building his semi-detached single-families' houses 26 and 27: a combination of hollow blocks and concrete bonding blocks. Different from this, the single-family residences by Paul Häusler, Heinrich Lauterbach, Moritz Hadda and Ludwig Moshamer were built in the traditional way with brick masonry walls and modern noncombustible floors.

Hans Scharoun's singles' residence is a reinforced concrete frame structure, a «house of cards structure»[9], as he called it. This construction method allowed for the dynamic configuration of the building with its curved lines, modern spatial disposition and horizontal window bands. Scharoun knew that technology was «the secret master of the modern architect»[10].

Results of the Experiment

Not all of the Breslau designs were fully developed, but many of them were influential. The flats offered an economically efficient use of space and a better spatial arrangement, but although meant to be low-priced, they were actually quite expensive. Of course, new technologies are seldom cheap when still in the testing phase. Since there was no large-scale building industry as yet, the construction costs for buildings designed as prototypes for industrial mass production very often exceeded average costs of buildings erected with the traditional methods.

In Breslau only a few years passed until the first structural defects showed up, which were due to the fact that the new building materials had not been used carefully. The organizers were bent on completing the exhibition within schedule «despite the severe frost period that lasted long into the spring».[11] It is therefore conceivable that the accelerated construction led to

sollten verschiedene Wohnungstypen kleinerer und mittlerer Größe sowie billige Häuser und Wohnungen, denen auch eine wichtige soziale Bedeutung zukam. Eine der wichtigsten Fragen galt rationellen und wirtschaftlichen Baumaterialien und -technologien.[3] Der technologische Aspekt[4] unterscheidet die Breslauer Siedlung von anderen europäischen Modellsiedlungen, die während der sechs Jahre von 1927 bis 1932 – zwischen wirtschaftlicher Blüte und Krise – gebaut wurden. In der Breslauer Versuchssiedlung kamen sowohl experimentelle Methoden und Materialien (auch billigere Surrogatstoffe) wie auch herkömmliche Konstruktionsweisen zur Anwendung:

So setzten Paul Heim & Albert Kempter für den Bau ihres Laubenganghauses (Haus 1) eine Stahlbeton-Rahmenkonstruktion ein. Der ebenfalls von ihnen entworfene Kindergarten war ursprünglich nur für eine temporäre Präsentation vorgesehen. Die Holzmontage-Bauweise aus präfabrizierten Elementen war dafür besonders geeignet.

Gustav Wolf verwendete eine (geschoßweise abgebundene) Holzständerbauweise sowohl für sein Achtfamilienhaus (Häuser 3–6) mit Flachdach als auch für sein Doppelhaus (Haus 32/33) mit traditionellem Satteldach und Holzbalkendecke. Wärme- und Schallschutz bot eine innere und äußere Verkleidung des Baus mit «Heraklith»-Platten.[5]

Adolf Radings Kollektivwohnhaus bot durch die Stahlskelettkonstruktion dem Architekten weitgehende Freiheit im Entwurf der Wohnungsgrundrisse. So befanden sich auf jedem Flur acht verschiedene Wohnungen gleichen Ausmaßes (57 qm), aber mit unterschiedlichsten Grundrißlösungen. Darüberhinaus hätten die Wohnungen sowohl über zwei Geschosse wie auch auf einer Ebene miteinander verbunden werden können. So standen Wohnflächen zwischen 30 und 120 qm zur Disposition.[6]

Für sein Vierspännermietshaus (Haus 9) setzte Emil Lange eine Stahlrahmenkonstruktion (System «Spiegel», ausgefacht mit Gasbetonplatten) ein, die eine serielle Präfabrikation der Wohnungen ermöglichte. Die Baukosten konnten so um fast 60 Prozent gesenkt werden.[7] Für den Bau seines Einfamilienhauses (Haus 28) verwendete er eine Stahlskelettkonstruktion.

Die Reihenhauszeile (Häuser 10–22) von Ludwig Moshamer, Heinrich Lauterbach, Moritz Hadda, Paul Häusler und Theo Effenberger bot kleine Wohnungen mehr oder weniger gleichen Ausmaßes, aber unterschiedlicher Grundrißlösungen und Konstruktionsmethoden: Ausgeführt wurden die Bauten in Stahlskelett- oder Stahlbeton-Rahmenkonstruktionen (ausgefacht mit Gasbetonsteinen[8]), aber auch in herkömmlichem Ziegelmauerwerk.

Theo Effenberger verwendete für sein Einfamilien-Doppelhaus (Haus 26/27) das sogenannte «Leipziger»-Konstruktionssystem, eine Kombination von Hohlziegeln und Betonbindersteinen. Die Einfamilienhäuser von Paul Häusler, Heinrich Lauterbach, Moritz Hadda und Ludwig Moshamer wurden dagegen aus konventionellem Backsteinmauerwerk (mit moderner Massivdecke) errichtet.

Hans Scharouns Ledigenwohnheim besteht aus einer Stahlbetonkonstruktion in sogenannter «Kartenblattbauweise»[9], die die dynamische Form des Gebäudes mit seiner geschwungenen Linienführung, modernen Raumaufteilung und horizontalen Fensterbändern erst ermöglichte. Scharoun war sich bewußt,

Adolf Rading, Kollektivhaus, Aufnahme während der Bauarbeiten
Adolf Rading, Kollektivhaus, under construction

Adolf Rading, Kollektivhaus, Bauplan mit Konstruktionsmodul und weiteren Grundrißlösungen
Adolf Rading, Kollektivhaus, execution-of-works plan with structural module and alternative floor plan solutions

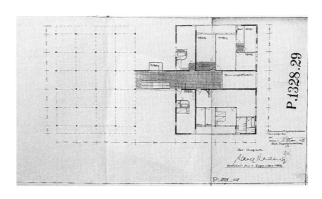

the structural defects which were discovered during an inspection three years after the close of the exhibition. Cracks in ceilings and walls had appeared very soon due to faulty insulation. The «living in» made it clear «how a careless construction will take its revenge [...]».[12] A critic even suspected that «the modern architect, unburdened by practical experience, does not bother with such outdated trivialities (structural problems)».[13] The sometimes unprofessional use of new building materials had, in some cases, resulted in leaky roofs, damp wall patches, crumbling plaster and doors and windows that didn't close properly.

Even the best and most innovative buildings on the estate, designed by experienced architects like Adolf Rading and Hans Scharoun, turned up some technical defects. In Rading's house, for example, the inspectors criticized the following: inadequate weatherproofing of the flat roof; glass walls without openings which produced condensate moisture; and insufficient aeration of the central internal spaces. Criticism of Scharoun's singles' residence dwelt on the poor technical quality of the finishing work with respect to structural parts, windows and terrace drainage systems.[14]

Alterations after World War II

The model estate saw first alterations already prior to World War II. Some houses were re-plastered externally. Allegedly, Rading's high-rise had to be altered by another architect before future residents consented to move in.

Except for the destroyed semi-detached house by Gustav Wolf all the buildings of the housing development still exist and are lived in. Their outer shapes have remained almost unaltered – except the buildings by Effenberger (house 22) and Lauterbach (house 35). Rading's Kollektivhaus (communal residence) suffered war damage and was later re-built to an altered design: in lieu of the roof gardens and studios a further storey was added, corresponding to those below, and the two building sections on the east side were joined together, thus obliterating the original highly distinct and fascinating architectural form of the building. Its outward appearance was injured largely by a changed colour scheme, additional windows, garage extensions, and further entrances, installed at a later date. The base course was completely altered. Trellises and stairs were eliminated from the sun terrace on the west side.

The houses of Theo Effenberger (no. 22) and Heinrich Lauterbach (no. 35) were extended by an additional

storey. The single family residence by Lauterbach had been destroyed in part during the war and was rebuilt to house two families so that it no longer has its original appearance. All the other houses were subject to minor changes – mainly the window arrangements differ from the original designs.

For the most part, the houses still serve the originally intended purposes. Only the communal residences by Rading and Scharoun presented problems in this respect. Rading's concept of communal living was never put to the test. Instead of his Kollektivhaus serving as accommodations for families, it was refurbished as a student hostel. Scharoun's building likewise suffered an early change of use: from 1932 to 1943 it served as a hotel, after the war it became an apartment block and later, again, a hotel for the Polish national labour inspectorate. Although still in existence, the kindergarten building is at present being disused.

Problems of Preservation

The WUWA estate as a whole has survived almost intact to this day. It deserves special attention and conservation efforts by the preservation of monuments authority so that the process of decay will be stopped. The maintenance of basic structures and of the functional organization is guaranteed, because the buildings have been placed under conservation order as Listed Monuments. The Breslau buildings are still being used, but most of them need conservational care. Their present condition is poor, even in spite of the fortunate fact that important original elements

Hans Scharoun, Ledigenwohnheim, Aufnahme während der Bauarbeiten
Hans Scharoun, singles' residence, under construction

64

daß «die Technik (...) die geheime Lehrmeisterin des modernen Architekten»[10] sei.

Resultat des Experiments

Nicht alle Breslauer Entwürfe waren völlig ausgereift, aber viele waren wichtig. Eine wirtschaftliche Ausnutzung des Raumes und eine bessere Raumaufteilung waren erkennbar, trotzdem waren die Wohnungen, die billig sein sollten, verhältnismäßig teuer. Neue Technologien im Stadium des Experiments sind eben selten kostengünstig. Die Baukosten für Gebäude, die als Prototypen für industrielle Massenproduktion vorgesehen waren, überstiegen sehr oft die durchschnittlichen Kosten für Gebäude, die in herkömmlicher Weise errichtet worden waren, weil es noch keine großangelegte Bauindustrie gab.

In Breslau traten schon nach einigen Jahren die ersten bautechnischen Mängel zu Tage, weil die neuen Baumaterialien nicht immer sorgfältig angewendet worden waren. Man hatte sich sehr bemüht, die Ausstellung innerhalb des Zeitplanes zu eröffnen, «trotz des strengen Frostes, der bis tief ins Frühjahr hinein reichte (...)»[11]. Daher ist es denkbar, daß das schnelle Bautempo zu Mängeln beigetragen hat, die bei einer Begehung nach drei Jahren festgestellt wurden. Wegen der schlechten Isolierung hatten sich schon nach kurzer Zeit Risse in Decken und Wänden gebildet. Das «Leben» machte deutlich, «wie sehr sich eine leichtfertige Konstruktion rächt (...)»[12]. Ein Kritiker argwöhnte, «mit solchen veralteten Kleinigkeiten (Bauproblemen) gibt sich der von praktischen Kenntnissen unbeschwerte moderne Architekt nicht ab»[13]. Die nicht immer fachgerechte Anwendung der neuen Baustoffe hatte u.a. undichte Dächer, feuchte Stellen, abfallenden Verputz und schlecht gängige Türen und Fenster zur Folge.

Selbst die besten und innovativsten Gebäude der Siedlung, von erfahrenen Architekten wie Adolf Rading und Hans Scharoun entworfen, wiesen einige technische Mängel auf. An Radings Haus wurden u.a. die schlechte Isolierung des Flachdaches, nicht zu öffnende Glaswände mit Schwitzwasserbildung und der zu geringe Luftaustausch im zentralen Teil des Gebäudes bemängelt. Am Ledigenwohnheim von Scharoun kritisierte man die schlechte technische Verarbeitung, die sowohl die Konstruktion als auch die Fenster und die Drainage der Terrassen betraf.[14]

Veränderungen nach dem Zweiten Weltkrieg

Die Versuchssiedlung erfuhr bereits vor dem Zweiten Weltkrieg erste Veränderungen: Einige Häuser erhielten einen neuen Verputz. Angeblich mußte Radings Hochhaus von einem anderen Architekten umgebaut werden, bevor die zukünftigen Bewohner einziehen wollten.

Außer dem zerstörten Doppelhaus von Gustav Wolf sind alle Gebäude der Siedlung erhalten und werden bewohnt. Ihre äußere Form wurde kaum verändert – mit Ausnahme der Häuser von Effenberger (Haus 22) und Lauterbach (Haus 35). Radings Kollektivhaus wurde nach einer Kriegsbeschädigung verändert wieder aufgebaut und entspricht nicht mehr dem ursprünglichen Entwurf: Anstelle der Dachterrassen und Ateliers wurde ein zusätzliches, den darunter liegenden Stockwerken entsprechendes Geschoß hinzugefügt; die beiden Gebäudekompartimente wurden an der Ostseite miteinander verbunden, was die sehr spezifische und interessante äußere Form des Gebäudes zerstörte. Das äußere Erscheinungsbild wird wesentlich durch die veränderte Farbgebung, das Einfügen zusätzlicher Fenster, angebaute Garagen und später zugefügte Eingänge beeinträchtigt; das Sockelgeschoß wurde komplett verändert, auf der Sonnenterrasse der Westseite wurden die Spaliere und Treppen entfernt.

Auch bei den Häusern von Theo Effenberger (Haus 22) und Heinrich Lauterbach (Haus 35) wurde ein zusätzliches Geschoß hinzugefügt. Das Einfamilienhaus von Lauterbach war teilweise kriegszerstört und wurde anschließend zu einem Zweifamilienhaus umgebaut: Auch hier ist der ursprüngliche Zustand stark verändert. Alle anderen Häuser wurden nur geringfügig verändert – vor allem die Fensteraufteilung unterscheidet sich von der ursprünglichen.

Die Nutzung der Häuser blieb größtenteils unverändert, Probleme diesbezüglich bereiteten nur die Gemeinschaftshäuser von Rading und Scharoun. Radings Modell des gemeinschaftlichen Wohnens wurde nicht erprobt: Es wurde von einem Mehrfamilienhaus zu einem Studentenwohnheim umgewandelt. Die Nutzung von Scharouns Gebäude wurde schon früher verändert: 1932–43 diente es als Hotel, nach dem Krieg als Appartementhaus und anschließend als Hotel für die nationale Arbeitsinspektion. Der Kindergarten ist, obwohl noch heute erhalten, nicht in Gebrauch.

Denkmalpflegerische Probleme

Die Siedlung der WUWA ist in ihrer Grundstruktur weitestgehend erhalten. Sie verdient besonderes Interesse und den Schutz der Denkmalpflege, um den Verfallsprozeß aufzuhalten. Der Erhalt der Grundkon-

have been preserved: windows, doors, steel railings, door and window handles. The Breslau housing estate is still an excellent example of the new architectural and technological developments of the 20s.

Looking back on its sixty years of use, one can clearly judge the quality of construction and building materials. The repeated restorations of façades, windows and rooftop gardens – several times before, and after, 1945 – are not only indicative of the low quality of the materials used, but also of the faulty finishings and even the restoration measures themselves. The first defects resulting from bad workmanship were certainly due to the time pressure of a short construction period (three months!)[15] and the goal of creating cheap accommodation.

It seems the only way of preserving such an important architectural monument is its reconstruction to the original historical designs, concurrent with the elimination of any technical and structural defects. For this,

the recreation of the original colour scheme presents a big problem. Scharoun's singles' residence is the only building that has so far been subjected to intensive conservatory research and colour analyses.[16]

Conclusion

WUWA came into being when the first CIRPAC committee meeting[17] (entitled «The small flat and its biological, technical and social configuration as seen by the architect») worked out the programme for the second CIAM Congress. The Breslau architectural exhibition made a contribution to the debate of these questions in international architectural circles. In 1929, during the second CIAM Congress in Frankfurt/Main, Ernst May said that every effort should be made to provide each and everyone with the most suitable dwelling possible, but that it would take a long time to solve the problem of the «apartment for the subsistence minimum».[18]

Modern architecture has proven that the acceptance of new devices and technologies and their sensible implementation can create new values. Artistic creativity and technical concepts can live side by side. The new «style», born out of this partnership, corresponded with the new social and industrial conditions of architecture and was thus highly suited for mass production and prefabrication.

The WUWA was one of the significant architectural events of the 20s. In some respects, its success, with hindsight, will have to be modified. Nevertheless, its concepts went far beyond what was accepted practice in the period between the two great wars.

The architectural exhibitions of the 20s which put model housing developments up for show exercised considerable influence on succeeding generations of architects who, after World War II, soon saw themselves confronted with the same problems as their predecessors. The model estates therefore accelerated the evolution of modern architecture in Europe.

Jadwiga Urbanik

Gustav Wolf, Doppelwohnhaus, Schäden am Verputz
(Zustand 1932)

Gustav Wolf, semi-detached single-family residence,
damaged plastering (condition in 1932)

struktion und der funktionalen Anordnung ist gewähr-leistet, weil die Gebäude in die Denkmalliste aufge-nommen worden sind.

Die Breslauer Gebäude werden genutzt, aber die mei-sten von ihnen benötigen konservatorische Pflege. Der gegenwärtige Erhaltungszustand der Gebäude ist unbefriedigend, trotz des glücklichen Umstandes, daß wichtige ursprüngliche Details wie originale Fen-ster und Türen, Stahlgeländer und Tür- und Fenster-griffe erhalten sind. Noch ist die Siedlung ein ausge-zeichnetes Beispiel der neuen architektonischen und technologischen Strömungen der zwanziger Jahre.

Nach über sechzig Jahren Nutzung der Gebäude läßt sich heute die Qualität der Baumaßnahmen und der verwendeten Baustoffe beurteilen. Die Restaurierung der Fassaden, der Fenster und der Dachterrassen, mehrere Male vor und nach 1945 vorgenommen, be-legt die oft geringere Qualität der angewandten Bau-materialien, aber auch die Fehler, die bei den Endar-beiten, aber auch bei den Wiederherstellungsmaß-nahmen gemacht wurden. Die Mängel in der Arbeitsausführung sind insbesondere durch die Kürze der Bauzeit (drei Monate)[15] und den Versuch, billigen Wohnraum zu schaffen, bedingt.

Die einzige Art der Erhaltung für ein wichtiges ar-chitektonisches Denkmal dieser Art scheint die Wie-derherstellung der ursprünglichen historischen Form bei gleichzeitiger Beseitigung aller technischen Mängel zu sein. Dabei erweist sich die Rekonstruktion der ur-sprünglichen Farbgebung der Häuser als großes Pro-blem. Das Ledigenwohnheim von Scharoun ist das

einzige Gebäude, das bisher einer genauen restaura-torischen Studie und Farbanalyse unterzogen wurde.[16]

Schlußbemerkung

Die WUWA entstand, als der erste CIRPAC-Kongreß[17] unter dem Motto «Kleinstwohnung und ihre biologi-sche, technische und soziale Lösung aus der Sicht des modernen Architekten» das Programm des zwei-ten CIAM-Kongresses erarbeitete. Die Breslauer Aus-stellung lieferte einen Beitrag zu der Diskussion dieses Problems in internationalen Architektenkreisen. Ernst May sagte 1929 auf dem zweiten CIAM-Kongreß in Frankfurt, daß alle Anstrengungen dahin gehen soll-ten, jedermann eine angemessene und bestmögliche Wohnung zu geben, aber daß es noch lange Zeit dau-ern würde, das Problem der «Wohnung für das Existenzminimum" zu lösen.[18]

Die moderne Architektur hat bewiesen, daß die Ak-zeptanz neuer Geräte und Technologien und deren vernünftige Anwendung neue Werte schaffen kann. Künstlerische Kreativität und technisches Denken können Seite an Seite bestehen. Der so geschaffene «Stil» stimmte mit den neuen sozialen und industriel-len Bedingungen für Architektur überein, war somit hervorragend für Massenproduktion und Präfabrikati-on geeignet.

Die WUWA war eines der bedeutenden architektoni-schen Ereignisse der zwanziger Jahre. In einigen Punkten wird man aus heutiger Sicht ihren Erfolg rela-tivieren müssen. Dennoch gingen ihre Ideen weit über das hinaus, was in der Zwischenkriegsperiode üblich war.

Die Ausstellungen der zwanziger Jahre, die als Ver-suchssiedlungen angelegt waren, übten einen erheb-lichen Einfluß auf folgende Architektengenerationen aus, die sich bald schon nach dem Zweiten Weltkrieg denselben Problemen gegenüber sahen wie ihre Vorgänger. Die Versuchssiedlungen beschleunigten so die Entwicklung der modernen Architektur in Europa.

Jadwiga Urbanik

Theo Effenberger, Doppelwohnhaus, Schäden am Verputz (Zustand 1932)
Theo Effenberger, semi-detached single-familiy residence, damaged plastering (condition in 1932)

[1] Ernest Niemczyk: Nowa forma w architekturze Wrocławia pierwszego trzydziestolecia XX wieku. In: Z dziejów sztuki śląskiej. edited by Z. Świechowski, Warsaw 1978, pp. 421–422. On the history of the Deutscher Werkbund, see: Joan Campbell: Der Deutsche Werkbund 1907–1934, Munich 1989; Wend Fischer (ed.), Zwischen Kunst und Industrie. Der Deutsche Werkbund, Munich 1975.

[2] Helena Syrkus: Ku idei osiedla społecznego 1925–1975, Warsaw 1976, p. 46. Alfred Roth: Zwei Wohnhäuser von Le Corbusier und Pierre Jeanneret, Stuttgart 1927.

[3] On technological data, see: Gustav Lampmann: Ausstellungssiedlung Breslau 1929. In: Zentralblatt der Bauverwaltung, 49th vol. 1929, p. 468; Werkbund Ausstellung «Wohnung und Werkraum», exhibition catalogue, Breslau 1929; Wrocław Building Archives.

[4] See Friedrich Dessauers main lecture 1929 in Breslau on the liberating effect of technology for the creative person. J. Campbell, op.cit., p. 257.

[5] «Heraklith», «Lignat» or «Tecton» slabs were used for insulation. Jan Nesiba: «Byt a diln» ve Vretislavi. In: Stavitel, 2th vol., 1929, pp. 97–104.

[6] Alfred Rothenberg: Die Werkbund-Ausstellung 1929 in Breslau. In: Ostdeutsche Bau-Zeitung, 27th vol., 1929, no. 47, p. 341–249; p. 344.

[7] A. Rothenberg, op.cit., p. 345.

[8] By using hollow gas concrete blocks, the walls could be made much thinner (25 centimeters) than traditional brick walls (44 centimeters).

[9] Scharoun developed this building technique on site, together with Dr. Markus, a structural engineer of the Breslau firm HUTA.

[10] A. Rothenberg, op.cit., p. 348

[11] A. Rothenberg, op.cit., p. 342.

[12] O.: Ein Spaziergang nach 3 Jahren. In: Ostdeutsche Bau-Zeitung, 30th vol., 1932, p. 298–300; p. 298.

[13] O., op. cit., p. 298.

[14] O., op. cit., p. 300.

[15] G. Lampmann, op.cit., p. 461.

[16] Precise stratigraphic tests were needed to determine the original colouring. See: Jadwiga Urbanik/Agnieszka Gryglwesaka: Studium historyczno-konserwatorskie budynku hotelowego przy ul. Kopernika 9 we Wrocławiu. Wrocław 1993; Zelbromski Maciej: Badania stratygraficzne ścian zewnętrznych i wnętrza. Wrocław 1993.

[17] CIRPAC Comité International pour la Réalisation des Problèmes d'Architecture Contemporaine (international committee for the solution to modern building tasks) – working committee of CIAM.

[18] See H. Syrkus, op.cit., p. 89; Die Wohnung für das Existenzminimum (flat for the subsistence minimum), edited by the Internationaler Kongress für Neues Bauen, Zurich/Stuttgart 1933, Neudeln 1979 (reprint), pp. 6–12.

1 Ernest Niemczyk: Nowa forma w architekturze Wrocławia pierwszego trzydziestolecia XX wieku. In: Z dziejów sztuki śląskiej. Hrsg. v. Z. Świechowski, Warszawa 1978, S. 421–422. Zur Geschichte des Werkbundes vgl.: Joan Campbell: Der Deutsche Werkbund 1907–1934, München 1989; Zwischen Kunst und Industrie. Der Deutsche Werkbund. Hrsg. v. Wend Fischer, München 1975.

2 Helena Syrkus: Ku idei osiedla społecznego 1925–1975, Warszawa 1976, S. 46; Alfred Roth: Zwei Wohnhäuser von Le Corbusier und Pierre Jeanneret, Stuttgart 1927.

3 Zu den technologischen Informationen vgl.: Gustav Lampmann, Ausstellungssiedlung Breslau 1929. In: Zentralblatt der Bauverwaltung, 49. Jg. 1929, S. 468; Werkbund-Ausstellung «Wohnung und Werkraum». Ausstellungskatalog, Breslau 1929; Archiwum Budowlane Wrocławia.

4 Vgl. Friedrich Dessauers Hauptreferat 1929 in Breslau über die befreiende Wirkung der Technologie für den schöpferischen Menschen. J. Campbell, a.a.O., S. 257.

5 «Heraklith-», «Lignat-» oder «Tecton»-Platten wurden als Isolierschutz eingesetzt. Jan Nesiba: «Byt a diln» ve Vretislavi. In: Stavitel, Bd. II, 1929, S. 97–104.

6 Alfred Rothenberg: Die Werkbund-Ausstellung 1929 in Breslau. In: Ostdeutsche Bau-Zeitung, 27. Jg., 1929, Nr. 47, S. 341–349, hier: S. 344.

7 A. Rothenberg, a.a.O., S. 345.

8 Die Verwendung von Hohlblöcken aus Gasbeton ermöglichte es, die Wände sehr viel dünner (25 cm) als traditionelle Backsteinwände (44 cm) auszuführen.

9 Scharoun entwickelte dieses Technik zusammen mit einem Statiker der Breslauer Fa. HUTA, Dr. Markus, vor Ort.

10 A. Rothenberg, a.a.O., S. 348.

11 A. Rothenberg, a.a.O., S. 342.

12 O.: Ein Spaziergang nach 3 Jahren. In: Ostdeutsche Bau-Zeitung, 30. Jg. 1932, S. 298–300; hier: S. 298.

13 ebda.

14 ebda., S. 300.

15 G. Lampmann, a.a.O., S. 461.

16 Es war notwendig, sehr genaue stratigrafische Untersuchungen vorzunehmen, um die ursprüngliche Farbgebung nachzuweisen, vgl. hierzu: Jadwiga Urbanik, Agnieszka Gryglwesaka: Studium historyczno-konserwatorskie budynku hotelowego przy ul. Kopernika 9 we Wrocławiu, Wrocław 1993; Zelbromski Maciej: Badania stratygraficzne ścian zewnętrznych i wnętrza. Wrocław 1993.

17 CIRPAC – Comité International pour la Réalisation des Problèmes d'Architecture Contemporaine – Delegierte des CIAM.

18 Vgl. H. Syrkus, a.a.O., S. 89; Die Wohnung für das Existenzminimum. Hg.: Internationaler Kongress für Neues Bauen, Zürich/Stuttgart 1933, Neudeln 1979 (Reprint), S. 6–12.

OLD WORLDS AND MODERN TIMES
On the Urban Concept of the WUWA and Other Model Housing Estates

The WUWA in Breslau is one in a long series of exhibitions which presented studies of the aims of the German Werkbund in all its facets, evolving and changing in step with its time. The first Werkbund exhibitions were mainly dedicated to product design for articles of daily use,[1] but during the 20s the concept shifted to a holistic approach: presenting model solutions to a whole complex of questions. By 1910 at the latest, the year of the «Städtebau» (urban development) Exhibition in Berlin and the competitions for the development of the Tempelhofer Feld and of South-Schöneberg, new desiderata had emerged.[2] Planners were no longer interested in the sensible laying-out of tastefully designed and finished villas, as on the Darmstadt hillside «Mathildenhöhe» (1901), but in creating functional urban extensions with dwellings which were as inexpensive and hygienic as possible. Apart from exhibiting the usual products, the Building Fair in Leipzig in 1913 therefore also presented a «Versuchssiedlung» (model settlement)[3]. On the basis of a master lay-out, drafted by Hans Strobel, then Leipzig's Director of Building and Housing, a model estate was built near to the Fair district and its design based on the garden city concept. Thus, for the first time, a large urban development project, designed for permanency, was created as an «exhibit».

Hans Strobel, Plan der Gartenstadt Leipzig-Marienbrunn, 1913
Hans Strobel, plan of the Leipzig-Marienbrunn garden town, 1913

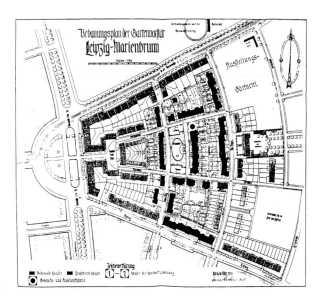

«Die Wohnung» – A Werkbund Attempt at Housing

Only in 1927, the Werkbund sought to demonstrate a comprehensive approach to interior design, architecture and urban development with its specially built model estate in Stuttgart-Weissenhof, the exhibition entitled «Die Wohnung» («The Apartment»).[4] But what is seen, until today, as the most important result of this joint undertaking of leading international architects, is their call for «Neues Bauen» – a new building, a new architecture.[5] Researchers have so far neither found, nor are they inclined to assume the existence of an urban planning concept for Weissenhof[6] which, then and today, should have been the basis for this development, termed «Siedlung» in German [with the dual meaning of village/urban settlement and housing estate, translator's note]. However, in Stuttgart, there was an overall plan: Ludwig Mies van der Rohe drew up a site-plan that subjected the placing of buildings in the Weissenhofsiedlung to a subtle order, typical for his architectural and urbanist thinking. On the one hand the buildings are closely interlinked, defining the intermediate spaces; on the other hand the staggered disposition of the cubes and the long-stretched rectangular building volumes are reminiscent of a mediterranean city on the slope of a hill. In view of the spatial concept for the Weissenhofsiedlung, Mies tried to reconcile «nordic» and «mediterranean» design ideas. This was not only very much part of Mies' thinking, but also of the current theoretical debate at the time. However, his conservative opponents rejected the built results on formal grounds: they supposedly did not correspond with the character of the German countryside.

The WUWA in Breslau

Similarly to the Weissenhofsiedlung little is known about the urban planning procedures in Breslau. The urban configuration of the building ensemble is seen as rather secondary.[7] In fact, the actual originator of the master lay-out has never been fully ascertained by any document.[8] Rading and Scharoun probably exchanged the plots originally alotted to them so that the basic urban concept for the southern part of the estate was substantially altered. Looking at the WUWA plan[9], one can, however, detect four interposing and interlinking urban configurations along the

ALTE WELTEN UND MODERNE ZEITEN
Zur städtebaulichen Konzeption der WUWA und anderer Versuchssiedlungen

Die WUWA in Breslau ist Glied einer langen Kette von Ausstellungen, die die Ziele des Deutschen Werkbundes in stets anderen, zeitabhängigen Facetten untersucht haben. Galten noch erste Werkbundausstellungen vor allem der Gebrauchsgüterproduktion[1], verlagerte sich in den zwanziger Jahren das Interesse auf ganzheitliche Ansätze, zu denen jeweils Musterlösungen präsentiert werden sollten.

Spätestens seit der Städtebau-Ausstellung in Berlin 1910 und den Wettbewerben für die Bebauung des Tempelhofer Feldes und von Schöneberg-Süd waren neue Desiderate der Zeit deutlich geworden.[2] Nicht mehr die sinnvolle Anordnung von geschmackvoll ausgestatteten Villen wie auf der Darmstädter «Mathildenhöhe» (1901) standen im Mittelpunkt des planerischen Interesses, sondern rationale Stadterweiterungen mit möglichst preiswerten und hygienischen Wohnungen. Die Bauausstellung in Leipzig 1913 präsentierte deshalb neben der normalen Produktschau auch eine «Versuchssiedlung»[3]: Auf der Grundlage eines vom damaligen Leipziger Stadtbaudirektor Hans Strobel entworfenen Bebauungsplans wurde in der Nähe des Messegeländes eine an Gartenstadt-Prinzipien orientierte Musteranlage mit Reihen- und Mehrfamilienhäusern errichtet: Hiermit entstand zum ersten Mal eine größere, auf Dauer angelegte Siedlungsstruktur als «Exponat».

«Die Wohnung» – ein Siedlungsversuch des Werkbundes

Erst 1927 versuchte der Werkbund, mit der Stuttgarter Ausstellung «Die Wohnung», die mit der eigens hierzu errichteten Siedlung am Weißenhof verbunden

wurde, einen Innenausstattung, Architektur und Städtebau umfassenden Ansatz vorzuführen.[4] Bis heute wird als herausragendes Ergebnis des gemeinsamen Wirkens einer internationalen Architektenspitze indes deren Postulat des «Neuen Bauens» als wichtigstes Ergebnis der Ausstellung beurteilt.[5] Eine städtebauliche Konzeption, die damals und auch heute dem Begriff «Siedlung» zugrundeliegen müßte, wird in der Forschung in der Regel nicht angenommen oder sogar abgelehnt.[6]

Dennoch gab es in Stuttgart eine übergreifende Planung: Ludwig Mies van der Rohes Entwurf unterwarf die Gebäudeanordnung der Weißenhofsiedlung einer subtilen Ordnung, wie sie für den architektonischen und auch städtebaulichen Denker typisch war: Einerseits besitzen die Gebäude untereinander eine enge und raumbildende Beziehung, andererseits evoziert die Staffelung der Kuben und längsrechteckig gelagerten Baumassen den Eindruck einer mediterranen Stadt in Hanglage. Mies versuchte bei der räumlichen Konzeption der Weißenhofsiedlung eine in der theoretischen Diskussion der Zeit und besonders in seinem Denken virulente Versöhnung «nordischer» und «mediterraner» Gestaltungsvorstellungen, deren formales Ergebnis allerdings von konservativen Gegenspielern abgelehnt wurde, weil es nicht den deutschen landschaftlichen Verhältnissen entspräche.

Die WUWA in Breslau

Ähnlich wie bei der Weißenhofsiedlung ist über den städtebaulichen Planungsprozeß in Breslau wenig bekannt, die städtebauliche Positionierung der Bauten wurde bislang als eher zweitrangig betrachtet.[7] Tatsächlich ist der eigentliche Urheber des Bebauungsplans nicht eindeutig belegt.[8] Zu vermuten ist ein Tausch der Baugrundstücke zwischen Rading und Scharoun, der den städtebaulichen Grundgedanken im südlichen Teil der Siedlung wesentlich verändert haben könnte.[9] Aber auch bei der ausgeführten Plananlage der WUWA lassen sich entlang des durch die Erschließungsstraßen gebildeten «Rückgrats» vier miteinander verflochtene städtebauliche Figuren feststellen: Eine erste Raumbildung entstand im Norden um das Scharounsche Ledigenheim.[10] Während das Wohnheim nördlich einen kleinen Platz als Entrée bildet und entlang der Zimpeler Straße eine Straßenfassade formuliert, akzentuiert es im Bin-

Mies van der Rohe, Modell der Weißenhofsiedlung Stuttgart, 1925
Mies van der Rohe, model of the Stuttgart Weissenhofsiedlung, 1925

«spine» of access roads, the first spatial definition being the area around Scharoun's singles' residence in the northern part of the estate.[10] While the singles' residence, to the North, embraces a small square – an entrée – and formulates its façade along Zimpeler Strasse, it defines a free space towards the site interior in conjunction with the neighbouring single-family residences. In a similar fashion, the back façades of the single-family houses, which appear as ensembles, create an almost sculpturally configured space in the site interior. House 37 by Ludwig Moshamer, for example, has an angled floor plan which makes the building into a kind of «hinge» between two groups of houses. An urban concept is also discernible in the disposition of houses 35 to 37 which are brought together by virtue of the axial symmetry of their various projections. Thus, they can be seen as parts of an overall layout that is centered on a space that can be likened to a public square. A third urban formation is created by the terraced houses around a rectangular open-air space, set back from the street line with just the two corner houses projecting towards the street. Had Effenberger's projects for the plots on the opposite side of the street (houses 23–25) been realized,

his semi-detached houses 21 and 22 would have formed a portal-like entrance situation to the estate, which looks like the abstract form of a ribbon-built-village. The fourth urban formation of the model estate was injured by the subsequent change of plan.[11] Had Scharoun's original design been realized, the diagonally diverging «wing buildings» would have defined a courtyard situation. Erecting Rading's «fragmentary high-rise» obviously was an attempt at limiting the damage: Rading did not really try to create a link between the terraced houses and the adjoining apartment block by Gustav Wolf, but limited himself to turning his building in such a way that the «butterfly waist» of the lift well, and not the northwest balcony, faced the gable end of the adjoining terraces. These urban configurations, however, are no original ideas of those who drew up the estate layout. Similar formations with analogies to structures of historic village, or reminiscent of public yards of honour, can be found in the architectural and theoretical models of the British garden city designer Raymond Unwin. He not only realized such configurations in his and Barry Parker's early garden city of Letchworth, but also recommended them as possible «patterns» of a socially and aesthetically pleasing neighbourhood in his handbook «Townplanning in Practice».[12] This book, first published in 1909, appeared in 1910 in a German edition. Its influence on the urban planning of the 20s cannot

Detail aus dem Lageplan der Werkbundsiedlung Breslau 1929
(Häuser 1, 3–7), Rekonstruktion mit dem ersten Entwurf
Hans Scharouns
Site plan of the 1929 Breslau Werkbund Estate, detail
(houses 1, 3–7); reconstruction with the original project by
Hans Scharoun

Barry Parker/Raymond Unwin, «Bird Hill», Letchworth, 1907
Barry Parker/Raymond Unwin, «Bird Hill», Letchworth, 1907

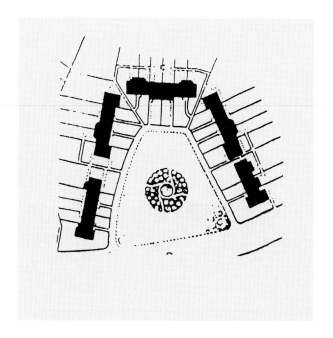

nenblock mit den umliegenden Einfamilienhäusern eine Platzsituation.

In ähnlicher Weise entsteht zwischen den blockeinwärts gerichteten Fassaden der zu Gruppen zusammengefaßten Einfamilienhäuser ein fast skulptural aufgefaßter Raum. Besonders deutlich wird dies bei Haus 37 von Ludwig Moshamer, dessen geknickter Grundriß den Bau als Bindeglied zwischen zwei Hausgruppen verschwenkt. Ein städtebaulicher Gedanke klingt auch bei der Disposition der Häuser 35 bis 37 an, die durch spiegelsymmetrische, risalitähnliche Vorsprünge zusammengefaßt werden. Sie können so als Gebäudeensemble begriffen werden, das um eine platzartige Fläche gruppiert ist.

Eine dritte städtebauliche Formation entsteht durch die um einen langrechteckigen Platz aus der Straßenflucht zurückgelegte Reihenhauszeile, die durch bis zur Straße vorspringende Kopfbauten abgeschlossen wird. Effenbergers Einfamilienhäuser am Ende der Zeile (Haus 21/22) hätten zusammen mit den von ihm geplanten, jedoch nicht ausgeführten Bauten (Haus

23–25) auf der anderen Straßenseite einen torartigen Eingang zu einer straßendorfähnlichen Situation gebildet.

Die vierte Formation der Versuchssiedlung ist durch die nachträgliche Planänderung[11] gestört. Mit Scharouns erstem Entwurf hätte sich hier durch die schräg auseinanderstrebenden «Flügelbauten» eine hofartige Situation ergeben. Bei der ausgeführten Anlage mit Radings «Fragmenthochhaus» hingegen bemühte man sich offenbar nur um Schadensbegrenzung: Rading versuchte weniger eine Vermittlung zwischen Reihenhausanlage und dem anschließenden Mehrfamilienhaus von Gustav Wolf, sondern verschwenkte seinen Bau lediglich so, daß nicht die nordwestlichen Balkone seines Baus, sondern die «Schmetterlingstaille» mit dem verglasten Treppenhaus auf die Stirnwand der anschließenden Kurzzeile weist.

Die ausgewiesenen städtebaulichen Figurationen sind indes nicht originäre Erfindungen der Planverfasser. Ähnliche Formationen mit Analogien zu historischen Dorfformen oder ehrenhof-ähnlichen Platz- und Raumbildungen finden sich in den baulichen und theoretischen Vorbildern des britischen Gartenstadtplaners Raymond Unwin. Er setzte solche Formationen nicht nur in der von ihm und Barry Parker geplanten frühen Gartenstadt Letchworth um, sondern empfahl sie als mögliche «patterns» einer sozial verträglichen und ästhetisch ansprechenden Nachbarschaft auch in seinem Handbuch «Townplanning in Practice»[12]. Die Bedeutung der 1909 erschienenen und bereits 1910 in deutscher Sprache veröffentlichten Schrift kann in ihrem Einfluß auf den Städtebau der zwanziger Jahre nicht überschätzt werden. Unwins städtebauliche Konzeption von Raumbildungen, die er in der typenbildenden Tradition von Dorfformen der nordeuropäischen Siedlungsgeschichte verankerte, beeinflußte nicht nur wichtige Protagonisten des «Neuen Bauens» wie Bruno Taut[13], sondern hatte offenbar auch Einfluß auf die Siedlungsgestaltung der WUWA: Die erkennbar an Unwins Gartenstadtvorstellungen orientierten städtebaulichen Figuren ermöglichten einerseits weitgehende Freiheit bei der Formulierung der Architektur, konnten andererseits jedoch auch als Reflexion auf ortstypische Siedlungsmuster verstanden werden – analog zur ausschließlichen Beteiligung Breslauer Architekten – und entzogen damit einer Kritik à la Weißenhof den Boden. Im Gegensatz zur zeitgenössischen städtebaulichen Diskussion wandte man bei der WUWA keine verdichtete «städtische» Bebauungsweise wie bei späteren Werkbundsiedlungen[14] an, sondern bekannte sich zu einem bereits früher erprobten Wohnen «zwischen Stadt und Land».

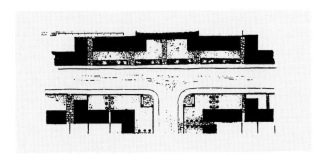

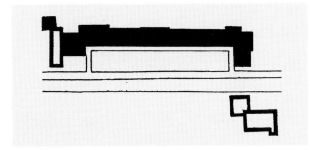

be overestimated. Unwin's design concept of creating urban spaces followed the typological tradition of village configurations in the history of northern European settlements. The ideas expressed in his book not only had an impact on prominent protagonists of the «new architecture», like on Bruno Taut[13], but obviously also influenced the design and layout of the WUWA exhibition. Its urban development structures are clearly based on Unwin's garden city concept, offering on the one hand a great freedom in the design of the buildings, and on the other hand lending themselves to be interpreted as a reflection of local traditional settlement patterns. This was in line with the exclusive participation of Breslau architects in the exhibition, which made a criticism «à la Weissenhof» impossible. Different from the current debate on urban design, the WUWA did not attempt to create a densely built-up «urban» development like in subsequent Werkbund estates[14], but committed itself to residential living «between city and countryside» that had been tried and tested previously.

Rading and the New City

It is exactly this concept of urban planning that cannot be reconciled with the approach of the radical rationalist Adolf Rading. Already during the early 20s, he had suggested several estate layouts with extremely austere orders of rows of houses. For his WUWA high-rise, of which a fragment was exhibited, he even designed an entirely independent «urban order»[15]. Similar to Le Corbusier's ideal «plan voisin» for Paris (1925), Ludwig Hilberseimer's large city project (1927) and the design of a «city of suspended houses» by Heinz and Bodo Rasch (1928)[16], Rading's order inaugurated a rational development that had been liberated from all historic traditions: the multiple storeys and the multi-functionality of the high-rises were to save large tracts of land from low-density spreading of one-storey houses and to favour ideal lighting conditions, sunlighting, cross-ventilation and large green spaces between the buildings. The efforts of the CIAM and the German Reichsforschungsgesellschaft (research society) for Building and Housing contributed greatly to the testing of efficient development schemes which led, as of 1928, to an extreme objectivization and matter-of-factness in urban planning. So the Karlsruhe model estate of Dammerstock (designed by Walter Gropius and Otto Haesler, 1928), most closely related to the Breslau WUWA in view of time but not of concept, largely renounced picturesque spatial formation elements in favour of a rigid lining-up of house rows. The Reichsforschung's housing estate of Haselhorst, for which Gropius submitted the winning competition design in 1928, brought a further minimalization to the design. Its neglect of emotional and sociological aspects of residential living was criticized even by proponents of the «new architecture».

«Modern Times»

The international debate on «efficient building methods» gave rise to design ideas whose systematic approach promised universal applicability. Similar to Le Corbusier's exemplary «plan voisin», Hilberseimer's model also suggested a reformed environment for «the new man». The Werkbund did not ignore such ideas of reform. Already in 1929, during the Werkbund Assembly in Breslau, plans were discussed for a new architectural exhibition that was to outshine all previous ones. «Die neue Zeit» («Modern Times») was the title of the comprehensive performance show the Werkbund planned for 1932 in Cologne. It was meant to present, among others, sections on «Conception of the World», «Regional and Town Planning», «Designing the State» and, finally, even the new «World Order».[17] Plans for «Die neue Zeit» were at first stopped by the world economic crisis, then by National-Socialism with its political «Gleichschaltung» of the German Werkbund and its own diverging, comparatively less fortunate «total plans». The «Black Friday» was responsible, too, for the end of the building of other large housing developments in the 30s, making room for the construction of «small housing estates» which received state funding under emergency laws.[18] Only after the War, the ideas on a «new city» again entered into

Heinz und Bodo Rasch, Projekt einer Hängehausstadt, 1928
Heinz and Bodo Rasch, project of a town in suspension house style, 1928

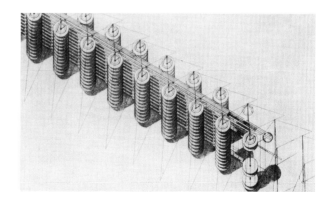

Rading und die Neue Stadt

Genau diese Konzeption läßt sich mit den städtebaulichen Ansätzen des radikalen Rationalisten Adolf Rading kaum vereinbaren: Schon zu Beginn der zwanziger Jahre hatte er für mehrere Siedlungsentwürfe extrem reduzierte Zeilenanordnungen vorgeschlagen. Für das bei der WUWA fragmentarisch vorgestellte Hochhaus entwarf er sogar eine völlig eigenständige städtebauliche Ordnung[15], die – ähnlich wie bei Le Corbusiers idealem «Plan Voisin» für Paris (1925), Ludwig Hilberseimers Bebauungsvorschlag für eine Großstadt (1927) und dem Entwurf für eine «Hängehausstadt» von Heinz und Bodo Rasch (1928)[16] – eine von allen historischen Vorbildern befreite, rationelle Bebauungsweise inaugurierte: Die Mehrgeschossigkeit und Multifunktionalität der Wohnhochhäuser sollten die bei einer Flachbauweise vorgegebene Zersiedlung zugunsten idealer Belichtung, Besonnung, Durchlüftung und großer, begrünter Freiflächen ersetzen.

Nicht zuletzt das in diesen Jahren einsetzende Bemühen der CIAM und der deutschen Reichsforschungsgesellschaft für Bau- und Wohnungswesen um die Erprobung rationeller Bebauungsweisen bewirkte ab 1928 eine extreme Versachlichung des

Otto Haesler, Wettbewerbsentwurf für Karlsruhe Dammerstock, 1928 (II.Preis)

Otto Haesler, competition project for Karlsruhe-Dammerstock, 1928 (2nd prize)

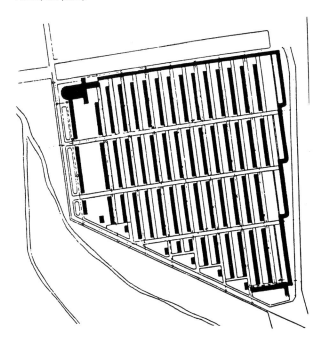

städtebaulichen Entwurfs. Schon die zeitlich der Breslauer WUWA nächststehende Versuchssiedlung in Karlsruhe-Dammerstock (Entwurf Walter Gropius mit Otto Haesler, 1928) verzichtete weitgehend auf malerische Elemente der Raumbildung zugunsten eines strikten Zeilensystems. Das Projekt der Reichsforschungssiedlung Haselhorst, dessen Wettbewerb 1928 ebenfalls Gropius für sich entscheiden konnte, erbrachte eine nochmalige Reduzierung des Entwurfs: Dessen Vernachlässigung emotionaler und soziologischer zugunsten technischer Aspekte des Wohnens wurde allerdings sogar von Apologeten des Neuen Bauens kritisiert.

«Die neue Zeit»

Die international geführte Diskussion um «rationelle Bebauungsweisen» erbrachte Planungsideen, deren systematischer Ansatz All-Anwendbarkeit und nahezu unendliche Erweiterbarkeit verhieß. Ähnlich wie Le Corbusiers «Plan Voisin» sollte auch Hilberseimers Modell eine reformierte Lebensumwelt für das Miteinander von «neuen Menschen» ermöglichen. Der Werkbund verschloß sich solchen umfassenden Reformideen nicht. Auf der Werkbundversammlung 1929 in Breslau diskutierte man zum wiederholten Male Pläne für eine neue Bauausstellung, die alle bisherigen in den Schatten stellen sollte: «Die neue Zeit» – so der prononcierte Titel der für 1932 in Köln geplanten Gesamtleistungsschau des Deutschen Werkbundes, sollte neben dem fast traditionell anmutenden Thema «Bauen und Wohnen» unter anderem die Sektionen «Das Weltbild», «Landesplanung und Städtebau», «Gestaltung des Staates» und schließlich sogar die «Ordnung der Welt»[17] vorstellen. Die Realisierung der Pläne für «Die neue Zeit» wurde durch die Weltwirtschaftskrise, später durch den Nationalsozialismus mit der «Gleichschaltung» des Deutschen Werkbundes und anderen, vergleichsweise weniger erfreulichen «Totalplanungen» verhindert. Auch der rentable Bau von weiteren Großsiedlungen war zunächst wirtschaftlich und dann ideologisch nicht mehr durchzusetzen. Raum blieb nurmehr für den per Notgesetzgebung geförderten «Kleinsiedlungsbau».[18] Erst nach dem Krieg fanden die Ideen für eine «neue Stadt» beispielsweise mit dem Berliner Hansaviertel bei der IBA 1957 wieder Eingang in die städtebauliche Praxis.

Moderne Zeiten?

Waren Bauausstellungen vor dem Ersten Weltkrieg überwiegend als Leistungsschau der Bauindustrie

town-planning practice for instance with the IBA Hansaviertel development in Berlin 1957.

Modern Times?

While architectural exhibitions were mainly conceived as trade fairs for the building industry prior to World War I, they later became a forum for programmatic shows on different themes. Model housing estates finally served to promote the development and study of contemporary urban designs. Furthermore, the building of prototype developments not only meant publicity for the architects, but was also welcomed as a basic unit of future urban expansion. The different objectives of architects and town planners not always led to «revolutionary», but in every case to substantial solutions. Unlike the previous exhibition in Stuttgart and the almost parallel show in Karlsruhe, the Breslau urban concept was defined by a mixture of differently-sized apartments and different housing structures.

Groups of buildings relate to each other and join in defining common open-air spaces. The creation of social neighbourhoods, modelled on Raymond Unwin's, is accompanied by a clearly recognizable effort to achieve a «social mixture». Rather «separatist» dwelling models, like the one by Gustav Wolf, are as much outsiders as the «communal» designs by Rading and Scharoun. The WUWA in Breslau resorted to traditional, tried and tested, functionally efficient urban structures, thus forestalling the criticism brought forward against the Stuttgart-Weissenhof project and, at the same time, avoiding a commitment to a «large city architecture» as promoted by Ludwig Hilberseimer. Yet in taking this stance, it also did not get beyond the experimental stage of urban planning measures like the ones formulated by Martin Wagner and Bruno Taut for Berlin.

Andreas Denk / Beate Eckstein

[1] Joan Campbell: Der Deutsche Werkbund 1907–1934, Munich 1989, p. 14ff.

[2] Heidede Becker: Geschichte der Architektur und Städtebauwettbewerbe, Stuttgart 1992, p. 145ff.

[3] See: Johannes Cramer, Niels Gutschow: Bauausstellungen. Eine Architekturgeschichte des 20. Jahrhunderts, Stuttgart 1984, pp. 104–107; Anna Teut: Wohnungs- und Siedlungsausstellungen der 20er Jahre. Annäherung an einen Typus. In: Daidalos 2, 1981, S. 53–63.

[4] The large Werkbund exhibition in Cologne of 1914 had offered no solutions in these fields. See: Wulf Herzogenrath, Dirk Teuber, Angelika Thiekötter (eds.): Der westdeutsche Impuls 1900–1914. Kunst und Umweltgestaltung im Industriegebiet. Die Deutsche Werkbund-Ausstellung in Köln 1914. Cologne 1984. – Angelika Thiekötter: «Wie ein verhaltenes Gähnen». Die Kölner Werkbund-Ausstellung. In: Thiekötter et al.: Kristallisationen, Splitterungen. Bruno Tauts Glashaus, Basel 1993, p. 13ff.

[5] Karin Kirsch: Die Weissenhofsiedlung, Stuttgart 1987; J. Cramer, N. Gutschow, op.cit., pp. 116–131.

[6] Paradigmatic for this assessment: see J. Cramer, N. Gutschow, op.cit. p. 17: «The comprehensive approach of the turn of the century [in Darmstadt – authors' note] restricts itself to the exemplary design of residential buildings. Even the urban design which, in 1901, was still an integral part of the exhibition, is treated rather perfunctorily in Stuttgart.»

[7] Beate Störtkuhl: Die Wohn- und Werkraumausstellung «WuWA» in Breslau 1929. In: Berichte und Forschungen. Jahrbuch des Bundesinstituts für ostdeutsche Kultur und Geschichte, 3rd vol., Munich 1995. This publication mentions «architectural plans» stored in Breslau's City Archives (pp. 114ff.), but does not analyze them. Christine Nielsen: Die Versuchssiedlung der Werkbundausstellung «Wohnung und Werkraum» in Breslau 1929, MA thesis, Bonn 1994, pp. 23/24. Nielsen thinks it unlikely that there was a basic urban design concept behind it.

[8] A 1928 site plan of the estate is marked with Lauterbach's initials «HL» (see Störtkuhl, op.cit. pp. 115f.). In 1929, Alfred Rothenberg,

a member of the Breslau main organizing committee, named Rading as the originator of the plan (Nielsen, op.cit., p. 18, note no. 84). There are different opinions: Störtkuhl (op.cit. pp. 114ff.) ascribes the buildings' layout to Rading and Lauterbach, Nielsen (op.cit. pp. 18ff.) to the «tripartite committee» Rading, Heim and Effenberger. Nielsen sees Heim and Effenberger as the originators of the urban design.

[9] C. Nielsen, op.cit., pp. 24 and 62.

[10] Due to the fact that Lauterbach's project was not realized and that Gustav Wolf's building was destroyed, the original urban configuration is no longer recognizable.

[11] C. Nielsen, op.cit., pp. 24 and 62.

[12] Raymond Unwin: Grundlagen des Städtebaus. Eine Anleitung zum Entwerfen städtebaulicher Anlagen. Aus dem Engl. übers. von L. MacLean, Berlin 1920. In his handbook Unwin gave precise instructions on how to achieve the ideal garden city, described in a somewhat abstract manner by Ebenezer Howard in his publication «A Peaceful Path to Real Reform», London 1898.

[13] Andreas Denk: Häuser zwischen Stadt und Land. Zu den Großsiedlungen Bruno Tauts in Berlin, MA thesis, Bonn 1990.

[14] E.g. at the 1930 WOBA in Basle and in Zurich-Neubühl 1931.

[15] Peter Pfankuch (ed.): Adolf Rading. Bauten, Entwürfe und Erläuterungen, Berlin 1970, pp. 68ff. (= Schriftenreihe der Akademie der Künste, Berlin, 3rd. vol.).

[16] Le Corbusier: Urbanisme, Paris 1925; Ludwig Hilberseimer: Großstadtarchitektur, Stuttgart 1927; Rasch brothers: Material Konstruktion Form 1926–30, published 1981, pp. 75ff.

[17] See: Joan Campbell, op.cit., pp. 258–262; Ernst Jäckh: Idee und Realisierung der Internationalen Werkbundausstellung «Die neue Zeit», Köln 1932. In: Die Form, 4th vol., 1929, no. 15, pp. 401–420.

[18] Tilman Harlander, Katrin Hater, Franz Meiers: Siedeln in der Not. Umbruch von Wohnungspolitik und Siedlungsbau am Ende der Weimarer Republik, Hamburg 1988, pp. 9ff. (= Stadt Planung Geschichte, 10th vol.).

konzipiert, wurde danach das öffentliche Forum, das sich durch diese Vermittlungsmethode bot, in programmatische, themengebundene Ausstellungen umgewandelt. Versuchssiedlungen dienten schließlich auch der Entwicklung und Untersuchung zeitgemäßer städtebaulicher Leitbilder. Dabei bedeutete die Anlage von Mustersiedlungen nicht nur eine Werbemaßnahme für die beteiligten Architekten, sondern wurde angesichts knapper finanzieller Ressourcen auch als willkommene Keimzelle der Stadtentwicklung begriffen. Diese unterschiedliche Interessenlage zwischen Architekten und Stadtplanungsbehörden führte nicht immer zu «revolutionären», fast immer jedoch zu soliden Ergebnissen.

In Breslau wurde die städtebauliche Konzeption – anders als früher in Stuttgart und nahezu gleichzeitig in Karlsruhe – durch eine Durchmischung verschiedener Wohnungsgrößen und Siedlungsweisen bestimmt.

Einzelne Baugruppen greifen ineinander und definieren gemeinsame Räume: Die Bildung sozialer Nachbarschaften – wie bei Raymond Unwin – wird hier durch das deutlich erkennbare Bestreben nach einer «sozialen Durchmischung» begleitet. Eher separatistische Wohnmodelle wie das von Gustav Wolf blieben ebenso Außenseiterpositionen wie die kollektiven Ansätze von Rading und Scharoun. Die WUWA in Breslau entzog sich mit dem Rückgriff auf tradierte und anerkannt funktionstüchtige städtebauliche Strukturen einer schon beim Weißenhof vorgebrachten Kritik und ebenso einem Bekenntnis zur «Großstadtarchitektur» im Sinne Ludwig Hilberseimers. Sie blieb damit allerdings auch im Rahmen städtebaulicher Ansätze, wie sie Martin Wagner und Bruno Taut damals für Berlin formulierten.

Andreas Denk / Beate Eckstein

[1] Joan Campbell: Der Deutsche Werkbund 1907–1934, München 1989, S. 14ff.

[2] Heidede Becker: Geschichte der Architektur und Städtebauwettbewerbe, Stuttgart 1992, S. 145ff.

[3] Vgl. hierzu: Johannes Cramer, Niels Gutschow: Bauausstellungen. Eine Architekturgeschichte des 20. Jahrhunderts, Stuttgart 1984, S. 104–107; Anna Teut: Wohnungs- und Siedlungsausstellungen der 20er Jahre. Annäherung an einen Typus. In: Daidalos 2, 1981, S. 53–63.

[4] Die große Werkbund-Ausstellung in Köln 1914 hatte diesbezüglich keine Ergebnisse erbracht. Vgl.: Der westdeutsche Impuls 1900–1914. Kunst und Umweltgestaltung im Industriegebiet. Die Deutsche Werkbund-Ausstellung Cöln 1914. Hrsg. v. Wulf Herzogenrath, Dirk Teuber, Angelika Thiekötter; zuletzt: Angelika Thiekötter: «Wie ein verhaltenes Gähnen...». Die Kölner Werkbund-Ausstellung. In: Dieselbe u.a.: Kristallisationen, Splitterungen. Bruno Tauts Glashaus, Basel 1993, S. 13ff.

[5] Karin Kirsch: Die Weißenhofsiedlung, Stuttgart 1987; J. Cramer, N. Gutschow, a.a.O., S. 116–131.

[6] Paradigmatisch für diese Beurteilung vgl.: J. Cramer, N. Gutschow, a.a.O., S. 17: «Der umfassende Ansatz der Jahrhundertwende (in Darmstadt, d.V.) ist auf die mustergültige Gestaltung von Wohnbauten zurückgenommen. Selbst die städtebauliche Gestaltung, die 1901 noch integraler Bestandteil der Ausstellung war, wird in Stuttgart eher beiläufig behandelt.»

[7] Beate Störtkuhl: Die Wohn- und Werkraumausstellung «WuWA» in Breslau 1929. In: Berichte und Forschungen. Jahrbuch des Bundesinstituts für ostdeutsche Kultur und Geschichte, Band 3, München 1995, benennt zwar im Breslauer Stadtarchiv vorhandene «Baupläne» (S. 114ff.), verzichtet aber auf deren städtebauliche Analyse. Christine Nielsen: Die Versuchssiedlung der Werkbundausstellung «Wohnung und Werkraum» Breslau 1929, Magisterarbeit Bonn 1994, S. 23f., hält einen städtebaulichen Leitgedanken für unwahrscheinlich.

[8] Ein Plan der Siedlung aus dem Jahre 1928 ist mit Heinrich Lauterbachs Kürzel «HL» gezeichnet (vgl. Störtkuhl, a.a.O. S. 115f.). Alfred Rothenberg, Mitglied des damaligen Breslauer Hauptausschusses, benannte 1929 Rading als Planverfasser (Nielsen, a.a.O., S. 18, Anm. 84). Vgl. die unterschiedlichen Meinungen bei: Störtkuhl, a.a.O., S. 114ff., die den Bebauungsplan Rading und Lauterbach zuschreibt; sowie bei: Nielsen, a.a.O., S. 18ff., die die Siedlungsstruktur dem «Dreierausschuß» Rading, Heim und Effenberger zuerkennt und den Hauptanteil der städtebaulichen Planung Heim und Effenberger zuweist.

[9] Siehe hierzu: C. Nielsen, a.a.O., S. 24, 62.

[10] Die städtebauliche Figur ist wegen des nicht ausgeführten Gebäudes von Lauterbach und des zerstörten Gebäudes von Wolf nicht mehr erkennbar.

[11] C. Nielsen, a.a.O., wie Anm. 9.

[12] Raymond Unwin: Grundlagen des Städtebaus. Eine Anleitung zum Entwerfen städtebaulicher Anlagen. Aus dem Engl. übersetzt von L. MacLean, Berlin 1910. Unwin ergänzte in seinem Handbuch das von Ebenezer Howard in seiner Schrift «Tomorrow. A Peaceful Path to Real Reform» (London 1898) schematisch dargestellte Gartenstadtideal um stadtplanerische Handlungsanweisungen.

[13] Andreas Denk: Häuser zwischen Stadt und Land. Zu den Großsiedlungen Bruno Tauts in Berlin, Magisterarbeit, Bonn 1990.

[14] So beispielsweise bei der WOBA in Basel 1930 und in Zürich-Neubühl 1931.

[15] Siehe: Adolf Rading. Bauten, Entwürfe und Erläuterungen. Hrsg. v. Peter Pfankuch, Berlin 1970, S. 68ff. (= Schriftenreihe der Akademie der Künste, Bd. 3.).

[16] Le Corbusier: Urbanisme, Paris 1925; Ludwig Hilberseimer: Grossstadtarchitektur, Stuttgart 1927; Brüder Rasch: Material Konstruktion Form. 1926–30, o.O. 1981, S. 75ff.

[17] Vgl.: Joan Campbell, a.a.O., S. 258–262; Ernst Jäckh: Idee und Realisierung der Internationalen Werkbundausstellung «Die Neue Zeit», Köln 1932. In: Die Form, 4. Jg., Nr. 15, 1929, S. 401–420.

[18] Tilman Harlander, Katrin Hater, Franz Meiers: Siedeln in der Not. Umbruch von Wohnungspolitik und Siedlungsbau am Ende der Weimarer Republik, Hamburg 1988, S. 9ff. (= Stadt Planung Geschichte, Bd. 10).

Für die Ausstellung von Studierenden ange-
fertigte Modelle; Universität Stuttgart, Institut für
Darstellen und Gestalten (IDG), Prof. W. Knoll,
M. Hechinger; Institut für Architekturgeschichte
(IAG), Prof. Dr. D. Kimpel, Dr. D.W. Schmidt
Maßstab: 1:100 (Einzelmodelle); Polystyrol,
Plexiglas, Graupappe, Holz

*Models constructed for the exhibition by students
of Stuttgart University, the Institut für Darstellen
und Gestalten (IDG, design institute) under
Prof. W. Knoll, M. Hechinger; and the Institut für
Architekturgeschichte (IAG, architectural history)
under Prof. Dr. D. Kimpel, Dr. D.W. Schmidt
Scale: 1:100 (individual models); materials:
polysterene, perspex (plexiglass), mill board, wood*

Werkbundsiedlung Breslau 1929
Maßstab 1:250, Gesamtansicht von Süden
163 x 83 x 28 cm
alle beteiligten Studierenden, M. Hechinger,
Dr. D.W. Schmidt

*1929 Breslau Werkbund Estate
Scale: 1:250, overall south view
163 x 83 x 28 cm
Built by all students involved, M. Hechinger,
Dr. D.W. Schmidt*

Haus 1 Paul Heim & Albert Kempter,
Laubenganghaus
Ansicht von Südwesten
69,5 x 85 x 30 cm
Mahmoud Kadan, Basim Kaiyal

House 1 Paul Heim & Albert Kempter,
access balcony block
Southwest view
69,5 x 85 x 30 cm
Built by Mahmoud Kadan, Basim Kaiyal

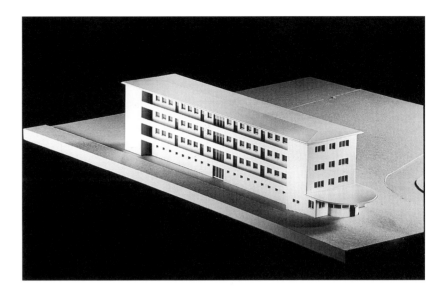

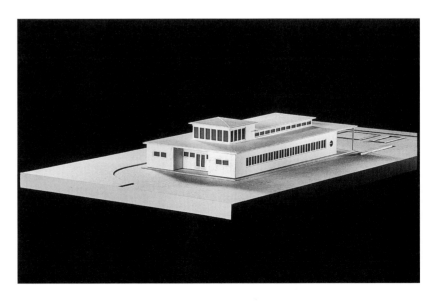

Haus 2 Paul Heim & Albert Kempter,
Kindergarten
Ansicht von Südosten
59 x 32 x 30 cm
Martina Beilharz, Sophie Laurent

House 2 Paul Heim & Albert Kempter,
kindergarten
Southeast view
59 x 32 x 30 cm
Built by Martina Beilharz, Sophie Laurent

Ansicht von Nordwesten
Northwest view

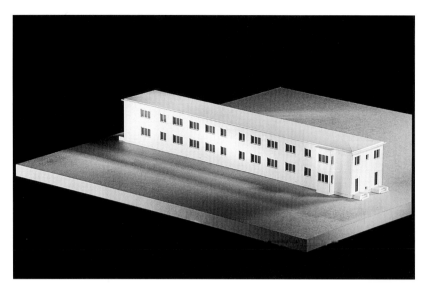

Häuser 3–6 Gustav Wolf,
Achtfamilienhaus
Ansicht von Südosten
69,5 x 85 x 30 cm
Mikolaj Obojski

Houses 3–6 Gustav Wolf,
eight-families' house
Southeast view
69,5 x 85 x 30 cm
Built by Mikolaj Obojski

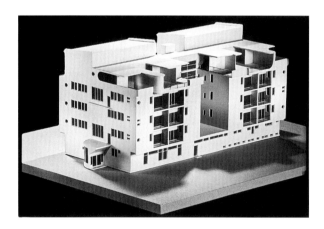

Haus 7 Adolf Rading, Kollektivhaus
Ansicht von Nordwesten
60 x 52 x 30 cm
Hammad Abd-El-Ghani, Emmanuelle Bies

House 7 Adolf Rading, Kollektivhaus
(communal residence)
Northwest view
60 x 52 x 30 cm
Built by Hammad Abd-El-Ghani,
Emmanuelle Bies

Ansicht von Südosten
Southeast view

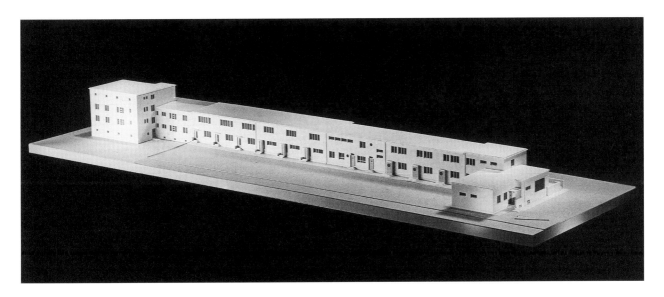

Haus 9 Emil Lange, Vierspänner-Mietshaus
und Häuser 10–22, Ludwig Moshamer, Heinrich
Lauterbach, Moritz Hadda, Paul Häusler,
Theo Effenberger, Reihenhauszeile
125 x 40 x 30 cm
Ansicht von Nordosten
Stefan Ebner, Thomas Dillenhöfer, Katja Fröhlich,
Andrea Molnar

House 9 Emil Lange, apartment block («four-
some») and houses 10–22 by Ludwig
Moshamer, Heinrich Lauterbach, Moritz Hadda,
Paul Häusler, Theo Effenberger, terraced houses
125 x 40 x 30 cm
Northeast view
Built by Stefan Ebner, Thomas Dillenhöfer,
Katja Fröhlich, Andrea Molnar

Ansicht von Westen
West view

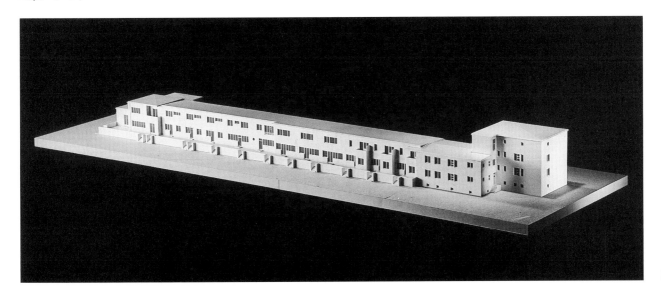

Haus 26/27 Theo Effenberger,
Doppelwohnhaus
Ansicht von Süden
45 x 32 x 30 cm
Alexandra Madeja, Therese Orlik-Dudka

House 26/27 Theo Effenberger,
semi-detached single-family residence
South view
45 x 32 x 30 cm
Built by Alexandra Madeja, Therese
Orlik-Dudka

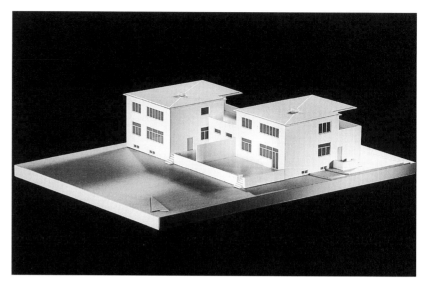

Ansicht von Nordosten
Northeast view

Haus 28 Emil Lange, Einfamilienhaus
Ansicht von Südwesten
45 x 32 x 30 cm
Roland Köhler, Günter Röding

House 28 Emil Lange, single-family
residence
Southwest view
45 x 32 x 30 cm
Built by Roland Köhler, Günter Röding

Haus 29/30 Paul Häusler, Doppelwohnhaus
Ansicht von Süden
45 x 32 x 30 cm
Jochen Hohl, Li Yang
Ansicht von Norden (Abb. Mitte)

House 29/30 Paul Häusler, semi-detached
single-family residence
South view
45 x 32 x 30 cm
Built by Jochen Hohl, Li Yang
North view (Ill. middle)

Haus 31 Hans Scharoun, Ledigenwohnheim
Ansicht von Süden
120 x 75 x 30 cm
Dina Debis, Anja Olschowski,
Anita Scherm, Michael Schnaubelt

House 31 Hans Scharoun, singles' residence
South view
120 x 75 x 30 cm
Built by Dina Debis, Anja Olschowski,
Anita Scherm, Michael Schnaubelt

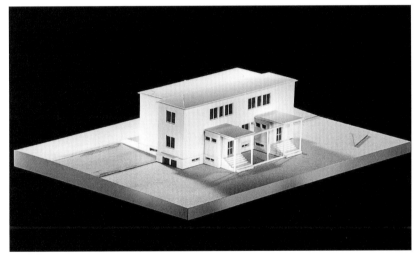

Haus 32/33 Gustav Wolf, Doppelwohnhaus
Ansicht von Norden
45 x 32 x 30 cm
Ralf Thiede

House 32/33 Gustav Wolf, semi-detached
single-family residence
North view
45 x 32 x 30 cm
Built by Ralf Thiede

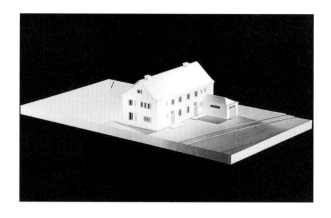

Ansicht von Süden
South view

Haus 35 / Haus 36 Heinrich Lauterbach,
Moritz Hadda, Einfamilienhäuser
Ansicht von Süden
60 x 54 x 30 cm
Rainer Mohl, Philipp Bangemann

House 35 / House 36 Heinrich Lauterbach,
Moritz Hadda, single-family residences
South view
60 x 54 x 30 cm
Built by Rainer Mohl, Philipp Bangemann

Haus 37 Ludwig Moshamer,
Einfamilienhaus
Ansicht von Südwesten
45 x 32 x 30 cm
Markus Betz, Christof Brunner
Ansicht von Nordosten (Abb. Mitte)

House 37 Ludwig Moshamer,
single-family residence
Southwest view
45 x 32 x 30 cm
Built by Markus Betz, Christof Brunner
Northeast view (Ill. middle)

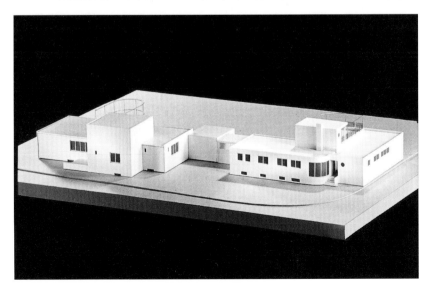

Haus 35 / Haus 36 Heinrich Lauterbach,
Moritz Hadda, Einfamilienhäuser
Ansicht von Norden

House 35 / House 36 Heinrich Lauterbach,
Moritz Hadda, single-family residences
North view

Architects' short biographies

Theo Effenberger

born in Breslau August 21, 1882; died in Berlin 1968

Studied at the Baugewerkschule Breslau and Darmstadt Technical University; 1907 first employment with municipal building dept. Breslau; 1913 participated in the Centenary Exhibition; as of 1919, designed and built many housing projects in Breslau and in Lower Silesia, including Breslau-Pöpelwitz (1920–28) and the housing estate Breslau-Westend (1924–28); was barred from architectural practice in 1933; taught at the Kunsthochschule Berlin; after 1945 he was Professor at the School of Fine Arts in Berlin and worked for the Institut für Bauwesen, Berlin.

Moritz Hadda

born in Cosel, probably in 1888; died in Riga around 1942

1911–13 studied at the Breslau Academy of Art and Crafts under Hans Poelzig; subsequently own architectural practice in Breslau; until 1933 participated in various competitions and exhibitions, including the «German Horticultural Landscaping and Silesian Trade Fair» in Liegnitz in 1927 («GuGALi»); end of 1941 deported and murdered in a concentration camp, because of his Jewish origins.

Paul Häusler

dates and places of birth and death unknown

Häusler belonged to the younger generation of architects participating in the WUWA, mentioned to have worked for Paul Heim on the housing development Zimpel in Breslau (1920–28); successfully participated in competitions for school buildings in Breslau (1926) and Wohlau (1930); was involved in the preparation of the exhibition «Heim und Mode» (home and fashion) in Breslau in 1932.

Paul Heim

born in Stuttgart October 15, 1879; died in Stuttgart-Fellbach February 22, 1963

Apprenticeship as a stonemason; studied at the Baugewerkschule Stuttgart; worked in Paul Schultze-Naumburg's office; 1910 position in the Breslau municipal dept. of housing and building; own office in partnership with his brother-in-law Albert Kempter; as of 1919 designed and built large housing developments in Breslau, including the Zimpel Estate, today Sepolno, (1920–28) and the estate at Eichborngarten; after 1945 own architectural office in Stuttgart.

Albert Kempter

born 1863, died around 1941

Studied under Theodor Fischer at Stuttgart Technical University; 1910 position at the Breslau municipal dept. of housing and building; worked for Max Berg on the Oswitz Cemetery Chapel, among other projects; built several housing estates in Breslau in partnership with Paul Heim; own independent work on competitions designs, built the protestant church in Breslau-Zimpel (1929) and other projects.

Emil Lange

dates and places of birth and death unknown

One of the younger generation of WUWA architects; 1907–09 studied architecture at the Breslau Academy of Art and Crafts; worked for Hans Poelzig for many years; was syndic of the Weimar Bauhaus from around 1920 to 1925 and after that had his own architectural office in Breslau. Only a few of his buildings are known.

Kurzbiographien der Architekten

Theo Effenberger

geboren am 21.8.1882 in Breslau; gestorben 1968 in Berlin

Studium an der Baugewerkschule Breslau und der TH Darmstadt; 1907 erste Anstellung beim Stadtbauamt Breslau; 1913 Mitwirkung an der Jahrhundert-Ausstellung; seit 1919 Planung und Durchführung zahlreicher Siedlungsprojekte in Breslau und Niederschlesien, u.a. Siedlung Breslau-Pöpelwitz (1920–28), Wohnbebauung Breslau-Westend (1924–28); 1933 Bauverbot; Lehrtätigkeit an der Kunsthochschule Berlin; nach 1945 Professor an der Hochschule für Bildende Künste Berlin; Mitarbeit am Institut für Bauwesen, Berlin.

Moritz Hadda

geboren um 1888 in Cosel; gestorben um 1942 in Riga

1911–13 Studium an der Breslauer Akademie für Kunst und Kunstgewerbe bei Hans Poelzig; anschließend Tätigkeit als freier Architekt in Breslau; vor 1933 Beteiligung an verschiedenen Wettbewerben und Ausstellungen, u.a. der Deutschen Gartenbau- und Schlesischen Gewerbe-Ausstellung Liegnitz («GuGALi») 1927; Ende 1941 Deportation und Ermordung in einem Konzentrationslager aufgrund seiner jüdischen Abstammung.

Paul Häusler

Geburtsort und Lebensdaten unbekannt

gehörte zur jüngeren Generation der an der WUWA beteiligten Architekten; namentliche Erwähnung als Mitarbeiter Paul Heims an der Siedlung Zimpel in Breslau (1920–28); erfolgreiche Beteiligung an Wettbewerben für Schulbauten in Breslau (1926) und Wohlau (1930); Mitwirkung an der Ausstellung «Heim und Mode» Breslau 1932.

Paul Heim

geboren am 15.10.1879 in Stuttgart; gestorben am 22.2.1963 in Stuttgart-Fellbach

Steinmetzlehre; Studium an der Baugewerkschule Stuttgart; Mitarbeiter Paul Schultze-Naumburgs; 1910 Anstellung am Breslauer Hochbauamt; Arbeitsgemeinschaft mit seinem Schwager Albert Kempter; seit 1919 Planung und Durchführung großer Siedlungsprojekte in Breslau, u.a. Siedlung Zimpel, heute Sepolno (1920–28), und Siedlung Eichborngarten; nach 1945 Tätigkeit als freier Architekt in Stuttgart.

Albert Kempter

geboren 1863; gestorben um 1941

Studium bei Theodor Fischer an der TH Stuttgart; 1910 Anstellung am Hochbauamt in Breslau; Mitarbeiter Max Bergs, u.a. an der Friedhofskapelle Oswitz (1921); in Zusammenarbeit mit Paul Heim Realisierung verschiedener Siedlungsprojekte in Breslau; eigene Wettbewerbs- und Bautätigkeit, u.a. Bau der Evangelischen Kirche in Breslau-Zimpel (1929).

Emil Lange

Geburtsort und Lebensdaten unbekannt

gehörte zu den jüngeren Architekten der WUWA; 1907–09 Studium der Architektur an der Breslauer Akademie für Kunst und Kunstgewerbe; langjähriger Mitarbeiter Hans Poelzigs; während der ersten Hälfte der zwanziger Jahre Syndikus am Bauhaus in Weimar, danach selbständiger Architekt in Breslau; nur wenige Bauten bekannt.

Heinrich Lauterbach

born in Breslau March 2, 1893; died in Biberach/ Riss March 16, 1976

Studied sculpture at the Breslau Academy of Art and Crafts, then architecture at the Technical Universities of Darmstadt and Dresden from 1914–1920; worked for Hans Poelzig in Berlin; as of 1925 own architectural office in Breslau; founded the Silesian Section of the Deutscher Werkbund; member of the architects' group «Der Ring»; 1930–32 lectured at the Breslau Academy of Art and Crafts; as of 1929 worked mainly on private commissions from outside Breslau (from Gablonz a.N., Dubrovnik etc.); following World War II, he lectured at Stuttgart Technical University and the Staatliche Werkakademie Kassel.

Ludwig Moshamer

born 1885; died around 1942.

Data on place of birth and professional training unavailable; as of 1921 worked for Max Berg, e.g. on the Messehof and the Süderode power station in Breslau in 1924/25 and the Dortmund Westfalenhalle (1925); submitted successful designs for different competitions, e.g. for the development of Boberplatz in Breslau-Pöpelwitz; 1933 moved to Berlin; author of theoretical writings and architect of numerous «thing-steads»; worked on various public commissions in Berlin and built the Japanese Embassy (1938–42).

Adolf Rading

born in Berlin March 2, 1888; died in London April 4, 1957

Studied at the municipal Baugewerkschule in Berlin, then worked in the offices of August Endell, Peter Behrens and Albert Gessner (1911–1918); 1918–32 lecturer at the State Academy of Art and Crafts in Breslau, Professor at the Academy as of 1923; 1926 own office in partnership with Hans Scharoun and Paul Kruchen in Berlin; 1927 participated in the Werkbund Exhibition in Stuttgart, then in various competitions: Börsenhof Königsberg, 1921; Brückenkopf Cologne, 1926 etc.; built extensively in Breslau (Odd-Fellow-Lodge, 1925/26; alteration of the Mohrenapotheke, 1925–28, etc.) and in Berlin (apartment block in Berlin-

Lichtenberg, 1930–33); 1933 emigrated to the South of France, 1936 to Palestine; as of 1943 municipal architect of Haifa; 1950 moved to London.

Hans Scharoun

born in Bremen September 20, 1893; died in Berlin November 25, 1972

1912–14 studied architecture at Berlin Technical University; during World War I he participated in the reconstruction programme in East Prussia (together with Paul Kruchen); 1919 own architectural office in Insterburg; 1920 member of the group «Gläserne Kette»; numerous designs for competitions, e.g. Börsenhof Königsberg, 1921; as of 1925 lecturer at the State Academy of Art and Crafts in Breslau; 1926 own office in Berlin partnership with Adolf Rading and Paul Kruchen; member of the architects' group «Der Ring»; 1927 participated in the Werkbund Exhibition in Stuttgart; important projects in Berlin, among others the large housing development of Siemensstadt, 1927; contributed to rebuilding Berlin after World War II; lectured at Berlin Technical University; among his major projects: The Berlin Philharmonic (1957–63) and the State Library (1964–78) in Berlin, and the appartment towers «Romeo» and «Juliet» (1954–59) and «Salute» (1959–63) in Stuttgart.

Gustav Wolf

born in Osterode / Harz November 28, 1887; died in Munich April 28, 1963

Trained at the Kunstschule Breslau to be an art teacher. Studied architecture at Munich Technical University under Theodor Fischer; worked for Paul Schmitthenner on the garden cities of Breslau-Carlowitz and Berlin-Staaken; 1915–19 district architect for the reconstruction programme in East Prussia; 1919–20 rural district architect in Merseburg; 1922–27 director of the housing society «Westfälische Heimstätte» in Münster; built numerous housing developments, including the garden city Habichtshöhe (1924–31); 1927–34 director of the Breslau school for trades and crafts; 1934–38 lecturer at the Staatsbauschule (state architectural school) in Berlin-Neukölln; founded a so-called «farm office» and edited a multi-volume publication entitled «Bauernhof-Werk»; 1939–52 curator of buildings of the Land of Westfalia.

Heinrich Lauterbach

geboren am 2.3.1893 in Breslau; gestorben am 16.3.1976 in Biberach/Riß

Studium der Bildhauerei an der Akademie für Kunst und Kunstgewerbe Breslau; 1914–20 Architekturstudium an den Technischen Hochschulen in Darmstadt und Dresden; Mitarbeiter Hans Poelzigs in Berlin; seit 1925 selbständiger Architekt in Breslau; Gründung des «Schlesischen Landesverbandes des Deutschen Werkbundes»; Mitglied in der Architektenvereinigung «Der Ring»; 1930–32 Lehrauftrag an der Breslauer Akademie für Kunst und Kunstgewerbe; nach 1929 vor allem private Bauaufträge außerhalb Breslaus (Gablonz a.N., Dubrovnik etc.); nach dem Zweiten Weltkrieg Lehrtätigkeit an der TH Stuttgart und der Staatlichen Werkakademie Kassel.

Ludwig Moshamer

geboren 1885; gestorben um 1942

Herkunft und Ausbildung unbekannt; seit 1921 Mitarbeiter Max Bergs, u.a. 1924/25 beim Messehof und beim Kraftwerk Süderoder in Breslau; 1925 Bau der Dortmunder Westfalenhalle; erfolgreiche Teilnahme an verschiedenen Wettbewerben, u.a. 1926 für die Bebauung des Boberplatzes, Breslau-Pöpelwitz; 1933 Übersiedlung nach Berlin; Theoretiker und Architekt zahlreicher «Thingstätten»; verschiedene öffentliche Bauaufträge in Berlin, darunter die Japanische Botschaft, 1938–42.

Adolf Rading

geboren am 2. März 1888 in Berlin; gestorben am 4. April 1957 in London

Studium an der Städtischen Baugewerkschule in Berlin; Mitarbeiter in den Büros von August Endell, Peter Behrens und Albert Gessner (1911–18); 1918–32 Lehrtätigkeit an der Staatlichen Akademie für Kunst und Kunstgewerbe Breslau, seit 1923 als Professor für Architektur; seit 1926 Architektengemeinschaft mit Hans Scharoun und Paul Kruchen in Berlin; 1927 Beteiligung an der Werkbund-Ausstellung Stuttgart; Teilnahme an verschiedenen Wettbewerben (Börsenhof Königsberg, 1921, Brückenkopf Köln, 1926 u.a.); Bauaufträge in Breslau (u.a. Odd-Fellow-Loge, 1925/26, Umbau der

Mohrenapotheke, 1925–1928) und Berlin (Wohnblock in Berlin-Lichtenberg, 1930–33); 1933 Emigration nach Südfrankreich, 1936 nach Palästina; ab 1943 Stadtarchitekt in Haifa; 1950 Umzug nach London.

Hans Scharoun

geboren am 20.9.1893 in Bremen; gestorben am 25.11.1972 in Berlin

1912–14 Architekturstudium an der TH Berlin; während des Ersten Weltkrieges Mitarbeit am Wiederaufbau Ostpreußens (zusammen mit Paul Kruchen); ab 1919 selbständiger Architekt in Insterburg; 1920 Mitglied der «Gläsernen Kette»; zahlreiche Wettbewerbsbeteiligungen, u.a. Börsenhof Königsberg, 1921; seit 1925 Lehrtätigkeit an der Staatlichen Akademie für Kunst und Kunstgewerbe in Breslau; ab 1926 Architektengemeinschaft mit Adolf Rading und Paul Kruchen in Berlin; Mitglied der Architektenvereinigung «Der Ring»; 1927 Beteiligung an der Werkbund-Ausstellung Stuttgart; wichtige Projekte in Berlin, u.a. Großsiedlung Siemensstadt, 1927; nach dem Zweiten Weltkrieg Mitwirkung am Wiederaufbau Berlins; Lehrtätigkeit an der TU Berlin und am Institut für Bauwesen; zahlreiche Wettbewerbsbeteiligungen; wichtige Bauten u.a. in Berlin (Philharmonie, 1957–63, Staatsbibliothek, 1964–78) und Stuttgart (Wohnhochhäuser «Romeo» und «Julia», 1954–59, «Salute», 1959–63).

Gustav Wolf

geboren am 28.11.1887 in Osterode/Harz; gestorben am 28.4.1963 in München

Ausbildung als Zeichenlehrer an der Kunstschule in Breslau; Architekturstudium an der TH München bei Theodor Fischer; Mitarbeiter Paul Schmitthenners bei den Gartenvorstädten Breslau-Carlowitz und Berlin-Staaken; 1915–19 Bezirksarchitekt beim Wiederaufbau Ostpreußens; 1919–20 Kreisbaumeister in Merseburg; 1922–27 Direktor der «Westfälischen Heimstätte» in Münster; Realisierung zahlreicher Siedlungsprojekte, u.a. Gartenvorstadt Habichtshöhe, 1924–31; 1927–34 Direktor der Handwerker- und Kunstgewerbeschule in Breslau; 1934–1938 Dozent an der Staatsbauschule Berlin-Neukölln; Gründung eines sogenannten «Bauernhofbüros» und Herausgabe eines vielbändigen «Bauernhof-Werkes»; 1939–52 Landesbaupfleger in Westfalen.

Auswahlbibliographie / *Selected Bibliography*

Baukunst im Deutschen Osten nach 1900. Hrsg. von der Künstlergilde Esslingen (Katalog zur Ausstellung im Haus am Lützowplatz, Berlin, Aug.–Sept. 1957), Berlin 1957

Joan Campbell: Der Deutsche Werkbund 1907–1934, Stuttgart (1981) 1989

Johannes Cramer / Niels Gutschow: Bauausstellungen. Eine Architekturgeschichte des 20. Jahrhunderts, Stuttgart 1984, S. 138–141

Hartmut Frank: Ein Bauhaus vor dem Bauhaus. In: Bauwelt, 74. Jg., 1983, S. 1640–1658

Heinrich Lauterbach. Bauten 1925–70. Hrsg. v. Kulturwerk Schlesien, Künstlergilde Esslingen, Akademie der Künste, Berlin 1971

Martin Neitzke: Gustav Wolf. Soziale Aspekte traditioneller Raummuster im Wohnungsbau der Weimarer Republik, Phil. Diss. Aachen 1987

Christine Nielsen: Die Versuchssiedlung der Werkbundausstellung «Wohnung und Werkraum» Breslau 1929, Magisterarbeit, Universität Bonn, Bonn 1994

Ernest Niemczyk: Nowa forma w architecturze Wrocławia pierwszego trzydziestolecia XX wieku. In: Z dziejów sztuki śląskiej. Hrsg. Zygmunt Świechowski, Warszawa 1978

Poelzig, Endell, Moll und die Breslauer Kunstakademie 1911–1932. Hrsg. v. Herta Elisabeth Killy, Peter Pfankuch und Dirk Scheper (Katalog zur Ausstellung in der Akademie der Künste, Berlin, 25.4.–23.5.1965), Berlin 1965

Adolf Rading. Bauten, Entwürfe und Erläuterungen. Hrsg. v. Peter Pfankuch, Berlin 1970 (= Schriftenreihe der Akademie der Künste, Bd. 3)

Hans Scharoun. Bauten, Entwürfe, Texte. Hrsg. v. Peter Pfankuch, Berlin (1974) 1993 (= Schriftenreihe der Akademie der Künste, Bd. 10)

Vladimír Šlapeta / Lubomír Šlapeta: 50 Jahre WUWA. In: Bauwelt, 70. Jg., 1979, S. 1426–1445

Vladimír Šlapeta: Neues Bauen in Breslau. In: Rassegna, 11. Jg., 1989, S. 14–61

Beate Störtkuhl (geb. Szymanski): Die Wohn- und Werkraumausstellung «WuWA» in Breslau 1929. In: Jahrbuch des Bundesinstituts für ostdeutsche Kultur und Geschichte. Berichte und Forschungen. Band 3, 1995, S. 107–176

Beate Szymanski: Der Architekt Adolf Rading (1888–1957). Arbeiten in Deutschland bis 1933, Phil. Diss. München 1992

Liselotte Ungers: Die Suche nach einer neuen Wohnform. Siedlungen der zwanziger Jahre damals und heute, Stuttgart 1983

Jadwiga Urbanik: The WUWA-Estate in Wrocław, Poland. In: DO.CO.MO.MO.-Newsletter no. 4 1991

Jadwiga Urbanik: Werkbund organization as the precursor of new ideas in inter-war architecture. Breslau «dwellings and workplace»-exhibition 1929. In: Innovations in management, maintenance and modernisation of buildings, Rotterdam 1992

Abbildungsnachweis / *Illustration Credits*

o. = above
u. = below
re. = right
li. = left
m. = middle

Archiwum Budowlane Wrocławia, Sygn. W-0011, (S. 40); Sygn. W-23 (S. 45 o.); Sygn. W-24 (S. 63 u. re.)

Der Baumeister, 27. Jg., 1929, S. 296 (S. 41 m.); S. 298 (S. 42 o.); T. 100 (S. 42 u.); T. 92 (S. 43 o.); T. 93 (S. 48 m. li.); T. 94 (S. 48 m. re.); T. 95 (S. 49 m. li.; m.); T. 91 (S. 49 m. re.); T. 89/90 (S. 50 u. li; u. re. / S. 52 m.); T. 85 (S. 57 o. li.); T. 87/88 (S. 58 u. / S. 59 m.); S. 264 (S. 75)

Der Baumeister, 42. Jg., 1944, Heft 1–3, (S. 10)

Die Baugilde, 11. Jg., 1929, S. 1005 (S. 43 m.), S. 1006 (S. 56 u.)

Bildarchiv Preussischer Kulturbesitz (Geheimes Staatsarchiv), Berlin, I. HA Rep. 92 Effenberger Nr. 168 (S. 26)

Brüder Rasch: Material Konstruktion Form. 1926–30, o.O. 1981, S. 78 (S. 74)

Cramer, Johannes; Gutschow, Niels: Bauausstellungen. Eine Architekturgeschichte des 20. Jahrhunderts, Stuttgart 1984, S. 105 (S. 70)

Daimler Werkzeitung 1920, Nr. 15/18, 25. März 1920, S. 277 (S. 12)

Die Form, 4. Jg., 1929, S. 452 (Umschlagklappe vorn; front jacket flap) S. 389 (S. 18); S. 445 (S. 22); S. 453 (S. 41 o.); S. 457 (S. 47 o.); S. 456 (S. 47 m.); S. 458 (S. 48 o.); S. 461 (S. 51 m.); S. 462 (S. 52 u.); S. 467 (S. 57 o. re.); S. 469 (S. 58 o.)

Het Nieuwe Bouwen. De Stijl. De Nieuwe Beelding in de architectuur. Neo-Plasticism in Architecture, Delft 1983, S. 14 (S. 11)

Eckstein, Hans: Neue Wohnbauten. Ein Querschnitt durch die Wohnarchitektur in Deutschland, München 1932, S. 71 (S. 25)

Effenberger, Klaus, Berlin (S. 50 o.)

Hilberseimer, Ludwig: Berliner Architektur der 20er Jahre, Mainz, Berlin 1967, S. 89 (S. 71)

Innendekoration, 40. Jg., 1929, S. 419 (S. 30); S. 405 (S. 58 m. li.); S. 400 (S. 59 u.)

Institut für Architekturgeschichte (IAG) Universität Stuttgart, IBB 29/84/38 (Schwäbisches Heimatbuch 1941) (S. 9)

Institut für Darstellen und Gestalten, Lehrstuhl 1, o. Prof. Wolfgang Knoll, Universität Stuttgart, Fotografie: Hans-Joachim Heyer (S. 78–85)

Johannes-Molzahn-Centrum, Kassel (S. 38–39)

Kos, Jerzy K., Wrocław (S. 41 u. li.; u. re. / S. 42 m. / S. 43 u. / S. 46 o. / S. 46 u. / S. 47 u. / S. 48–49 u. / S. 50 m. / S. 51 u. / S. 52 o. / S. 54 o. / S. 55 o. / S. 55 u. li. / S. 57 u. / S. 58 m. re. / S. 59 o.)

Müller-Wulckow, Walter: Bauten der Gemeinschaft, Königstein/Taunus, Leipzig 1928, S. 40 (S. 16)

Nerdinger, Winfried: Walter Gropius, Berlin 1985, Copyright Bauhaus-Archiv, Berlin, Nachlaß Gropius (S. 8)

Ostdeutsche Bau-Zeitung, 27. Jg., 1929, S. 351 (S. 60); S. 351 (S. 63 u. li.); S. 353 (S. 64)

Ostdeutsche Bau-Zeitung, 30. Jg., 1932, S. 299 (S. 66); (S. 67)

Hans Scharoun. Bauten, Entwürfe, Texte. Hrsg. v. Peter Pfankuch, Berlin (1974) 1993 (= Schriftenreihe der Akademie der Künste, Bd.10), S. 85 (S. 53 o.)

Sovremennaja Architektura, Heft 4/5, 1927, S. 139 (S. 33 re.)

Stein, Holz, Eisen, 43. Jg., 1929, S. 251 (S. 51 o.)

Stiftung Archiv der Akademie der Künste, Berlin, Nachlaß Heinrich Lauterbach, WV LAU-20-288 (S. 57 u. m.)

Stiftung Archiv der Akademie der Künste, Berlin, Nachlaß Adolf Rading, WV 50 (Umschlag/cover); WV 50.10 (S. 24); WV 50.24 (S. 44 o.); WV 50.31 (S. 44 u.); WV 50.27 (S. 45 u.);

Stiftung Archiv der Akademie der Künste, Berlin, Nachlaß Hans Scharoun, WV 77/33 (S. 28), WV 77/58 (S. 29 re.); WV 67 (S. 29 li.); WV 77/20 (S. 33 li.); WV 77/8 (S. 53 u.); WV 77/7 (S. 54 u.); WV 77/2 (S. 55 u. re.)

Unwin, Raymond: Grundlagen des Städtebaus. Eine Anleitung zum Entwerfen städtebaulicher Anlagen, Berlin 1910, S. 214 (S. 72 u. re.); S. 205 (S. 73 o.)

Wasmuths Monatshefte für Baukunst, 13. Jg., 1929, S. 453 (S. 56 o.)

Umzeichnungen: Andreas Denk nach Plan von Jadwiga Urbanik, Details (S. 72 u. li.; S. 73 u.)

Die Drucklegung des Kataloges wurde unterstützt
von der LG-Stiftung Kunst und Kultur, Stuttgart

Library of Congress Cataloging-in-Publication Data
A CIP catalogue record for this book is available from the Library
of Congress, Washington D.C., USA.

Die Deutsche Bibliothek – CIP-Einheitsaufnahme

Auf dem Weg zum Neuen Wohnen : die Werkbundsiedlung
Breslau 1929 = Towards a new kind of living / hrsg. vom Institut
für Auslandsbeziehungen, ifa. - Basel ; Boston ; Berlin :
Birkhäuser, 1996
   ISBN 3-7643-5420-8 (Basel ...)
   ISBN 0-8176-5420-8 (Boston)

NE: Institut für Auslandsbeziehungen; Towards a new
kind of living

© 1996 Institut für Auslandsbeziehungen sowie die jeweiligen
Text- und Bildautoren
Birkhäuser – Verlag für Architektur, P.O. Box 133,
CH-4010 Basel, Switzerland.
Printed on acid-free paper produced of chlorine-free pulp. TCF ∞
Printed in Germany
ISBN 3-7643-5420-8
ISBN 0-8176-5420-8

9 8 7 6 5 4 3 2 1

Institut für Auslandsbeziehungen
ifa-Galerie Bonn
Kaiserplatz 17
D-53113 Bonn

Ausstellung / Exhibition: 5. Juni – 6. Juli 1996

Ausstellung und Katalog / Exhibition and Catalogue:
Beate Eckstein
Christine Nielsen

in Zusammenarbeit mit / in cooperation with:
Dietrich W. Schmidt, DWB,
Universität Stuttgart, Institut für Architekturgeschichte

Übersetzung Deutsch-Englisch / Translation German-English:
Annette Wiethüchter

Gestaltung / Design:
Walther Mertel

Umschlag / Cover:
Modellfoto der Siedlung/ Model of housing estate

Fotografie / Photography:
Jerzy K. Kos, Wrocław (neue Aufnahmen der
Werkbundsiedlung Breslau)
Archiwum Budowlane Wrocławia
Klaus Effenberger, Berlin
Hans-Joachim Heyer, Institut für Darstellen und Gestalten
der Universität Stuttgart
Klette, Breslau
Knud Peter Petersen, Berlin

Modellbau / Architectural Models:
Studierende der Universität Stuttgart,
Institut für Darstellen und Gestalten (IDG), Prof. Wolfgang Knoll,
Martin Hechinger;
Institut für Architekturgeschichte (IAG), Prof. Dr. Dieter Kimpel,
Dr. Dietrich W. Schmidt

Leihgeber / Loaner:
Johannes-Molzahn-Centrum, 34131 Kassel
Stiftung Archiv der Akademie der Künste, Berlin